Ilhan Dogan

Der Duft des Erfolgs

Moneylive Medienverlag e. K.
www.moneylive.de
info@moneylive.de

Der Duft des Erfolgs

Das Werk, einschließlich aller seiner Teile, ist urheberrechtlich geschützt. Jede Verwertung außerhalb des Urhebergesetzes ist ohne Zustimmung des Verlags unzulässig und strafbar. Das gilt im Besonderen für Vervielfältigungen, Übersetzungen, Mikroverfilmungen und die Einspeicherung und Verarbeitung in elektronische Systeme. Es ist deshalb nicht gestattet, Abbildungen und Texte zu verändern oder zu manipulieren. Auch die Weitergabe an Dritte ist ohne Zustimmung des Verlags nicht erlaubt.

Hinweis an die Leser:

Diesem Buch liegt die neue Rechtschreibung (Duden, 21. Auflage) zugrunde. Alle Rechenbeispiele, Informationen, Anregungen und Tipps in diesem Buch basieren auf den Erkenntnissen sowie der Gesetzeslage zum Zeitpunkt der Drucklegung und wurden mit der größtmöglichen Sorgfalt zusammengestellt. Dabei wurde darauf geachtet, dass die gewählten Beispiele allgemein übertragbar sind. Trotz aller Sorgfalt sind Fehler jedoch nicht ganz auszuschließen. Weil sich in Einzelfällen und durch Änderungen von Gesetzen und Vorschriften eventuell andere Umstände ergeben können, ist jedoch eine Haftung von Verlag und Autor für Vermögensschäden aus der Anwendung der hier erteilten Ratschläge ausgeschlossen. Auch können Autor und Verlag weder eine Garantie noch irgendeine Haftung für Personen-, Sach- oder Vermögensschäden, die auf fehlerhafte Angaben im Buch zurückzuführen sind, übernehmen.

Die UrheberInnen der im Buch enthaltenen Sprüche, Zitate und Aphorismen sind genannt. Fehlen sie, dann waren sie nicht eindeutig feststellbar. Das gilt auch für Spruchweisheiten aus dem Volksmund und für Neuformulierungen alter oder zu langer Sprüche.

Alle Rechte vorbehalten. Nachdruck – auch auszugsweise – nur mit Genehmigung des Verlages.

© Moneylive Medienverlag, Mai 2004

Moneylive e. K. Medienverlag
Postfach 200146, 26045 Oldenburg
info@moneylive.de

Umschlaggestaltung: Detlef Krause, Oldenburg
Printed in Germany
ISBN 3-934784-10-0

Ilhan Dogan

Der Duft des Erfolgs

Der Duft des Erfolgs

Inhaltsverzeichnis

Vorwort	7
Sicher ist, dass nichts sicher ist	9
Network-Marketing, die Chance für jedermann	19
So vermehrt sich Zeit	23
Alles ist schwierig, bevor es leicht wird	26
Ich, der Networker	38
Kontakte garantieren Einkommen	41
Erfolg macht Spaß und auch süchtig	49
Der normale Vertrieb	59
Die häufigsten Missverständnisse über Network-Marketing	64
Das Gesetz der Zahl	74
Network-Geheimnisse	77
Nebenberuflicher Start	77
Keine Altersbegrenzung	79
Keine Vorkenntnisse erforderlich	79
Network-Marketing ist ein sanftes Ruhekissen	80
Weniger Stress	80
Die häufigsten Ausreden im Network-Marketing	81
Ja aber…	81
Ich habe keine Zeit	83
Ich kenne niemanden, der sich für Network-Marketing	98
Ich kann nicht verkaufen	108
Ich kann nicht	110
Vermeintliche Niederlagen besser verkraften	120
Das Erfolgsrad der Networker	124
Fleiß	125
Kontaktfreudigkeit	130
Ehrgeiz	139
Produkt Know-how	142
Self-Marketing	144
Motivation	146
Eine Vision wird wahr: LR in der Türkei	148
Nachwort	153

Der Duft des Erfolgs

„Was immer du tun kannst oder zu können glaubst, fang an. In der Kühnheit liegt Genie, Kraft und Magie."

(Goethes Zitat und Ilhan Dogan´s Lebensmotto)

Vorwort

Es ist noch gar nicht so lange her, da glaubten viele Arbeitnehmer ihr Arbeitsplatz sei sicher. Doch weit gefehlt. Heute gilt mehr denn je: Sicher ist, dass nichts mehr sicher ist. Weder die Rente noch die Arbeitsplätze, noch unser Gesundheitssystem. In Zukunft ist der verlassen, der sich auf andere verlässt. Eigeninitiative ist gefragt. Und genau darum geht es in diesem Buch.

Es liegt mir fern, die Zeiten schlecht zu reden. Doch machen wir uns nichts vor: Wir leben in einer Welt ständiger und immer schneller werdender Veränderungen. Am deutlichsten wird diese Situation, wenn wir uns die Entwicklung des Wissens der Menschheit anschauen, welches sich in den letzten Jahrzehnten expotentiell entwickelte. Es verdoppelte sich von 1800 bis 1900 in nur 100 Jahren, von 1900 bis 1950 in fünfzig Jahren und von 1950 bis 1960 in nur zehn Jahren. Danach verdoppelte es sich von 1960 bis 1966 in nur sechs Jahren. Mit anderen Worten: Ein Student, der 1960 sein Studium aufnahm, stand nach Studienabschluss im Jahre 1966 vor der doppelten Wissensmenge als zu Beginn seines Studiums. Heute wissen wir, dass diese Wissensexplosion für den Normalbürger nicht mehr zu bewältigen ist, denn alle fünf Jahre, so die Wissenschaft, verdoppelt sich derzeit das Wissen der Menschheit. Diese Entwicklung macht deutlich, dass nichts mehr so ist wie früher. Wer heute überleben will, muss sich dieser Situation stellen, um nicht unterzugehen.

Natürlich habe auch ich eine berufliche Ausbildung. Damals sagte mir jeder, das sei ganz wichtig. Ohne Ausbildung keine Chance auf einen guten Job. Heute weiß ich es besser. Schauen wir uns doch um. Immer mehr Berufszweige sterben aus, weil sie nicht mehr gebraucht werden. Heute betankt jeder sein Auto selbst, man braucht dazu keinen Tankwart. Videotheken, noch vor einigen Jahren der letzte Schrei, sterben ebenfalls langsam aus, weil viele Filme via Internet ausgeliehen werden können. Auch der klassische Fernsehtechniker wird eines Tages seinen Job verlieren, weil Fernsehgeräte immer multimedialer werden und die Technik nicht mehr mit dem Fernseher der 50er Jahre zu vergleichen ist. Es gibt im Leben immer zwei Möglichkeiten, auf solche Entwicklungen zu reagieren. Entweder man resigniert oder man reagiert. Ich habe mich für Letzteres entschieden und einen Weg gefunden, der mir heute meine finanzielle Freiheit ermöglicht.

Mit diesem vorliegenden Buch möchte ich Ihnen tiefe Einblicke in mein persönliches Leben geben. Ich möchte Ihnen aufzeigen, dass auch Sie die Chance haben, von ganz unten nach ganz oben zu kommen. Vorausgesetzt, Sie wollen es wirklich. Sie werden lesen, dass auch mir nichts in die Wiege gelegt wurde. Ich habe meinen Weg nach oben ganz allein und durch harte Arbeit geschafft. Wer dazu bereit ist, hat immer die Chance nach ganz oben zu kommen und hier mehr Geld zu verdienen als mit einem Sechser im Lotto.

Ilhan Dogan

Sicher ist, dass nichts sicher ist!

Es gab einmal eine Zeit in Deutschland, die war geprägt durch Vollbeschäftigung, volle Rentenkassen, solide Krankenversicherungssysteme und zufriedene Menschen. Das Ganze ist kaum dreißig Jahre her. Heute jagt eine Negativmeldung die nächste. Kaum ein Tag, an dem sich nicht neue Abgründe auftun. Natürlich sollte man sich von dieser Entwicklung nicht herunterziehen lassen, aber man darf diese Dinge auch nicht ignorieren. Wenn immer weniger Menschen geboren werden und gleichzeitig die Zahl der Senioren ständig steigt, kann sich jeder an seinen zehn Fingern abzählen, dass diese Situation zu einer Schieflage innerhalb der sozialen Kassen führen wird. Das ist die bittere Wahrheit und niemand sollte davor die Augen verschließen. Heute ist der verlassen, der sich auf andere verlässt, wie die jüngste Entwicklung zeigt. Die Mitarbeiter der großen Firmen wie Philip Holzmann AG, Krupp Stahlwerk Rheinhausen oder Babcock hatten sich auch auf die Firmenleitung verlassen. Heute sind diese Menschen verlassen und arbeitslos. Damit hatte niemand wirklich je gerechnet. Denn diese Namen waren Garanten, so stabil und robust wie die Deutsche Bank. So glaubte man. Wer hier arbeitete, gehörte zu den Privilegierten. Doch diese Firmen sind heute pleite. Ein Großteil der Arbeitnehmer steht auf der Straße, zu alt für einen neuen Job oder sie finden keinen passenden mehr. Die guten Zeiten sind endgültig vorbei. Aus meiner Sicht haben wir nur noch eine realistische Chance, wenn wir unser Leben selbst in die Hand nehmen und nicht mehr fremdbestimmt leben. Ich weiß, dazu gehört eine Menge Mut, aber am Mut hängt der Erfolg.

Der Mensch an sich ist schon ein wahres Wunderwerk. Doch neben seiner Einzigartigkeit besitzt er als einziges Lebewesen das Recht, eigene Entscheidungen zu treffen. Deshalb hat es jeder Mensch selbst in der Hand, für welche Seite des Lebens er sich entscheiden möchte. So wie eine Medaille zwei Seiten hat, so hat auch das Leben zwei Seiten. Die eine Seite ist die der Optimisten, die andere Seite die der Pessimisten. Altbekannt und schon tausende Male zitiert ist das berühmte Beispiel mit dem halbvollen Wasserglas. Der Pessimist sagt: „Mein Wasserglas ist schon halb leer", während der Optimist meint: „Mein Wasserglas ist noch halb voll." Soweit die Theorie und was sagt der Realist? Nun, der macht sich aus dem Staub, weil er Angst hat, das Glas später abwaschen zu müssen.

Mir liegt es fern, die Gegenwart und Zukunft schlecht zu reden, noch will ich mich in utopischen Phantasien verlieren. Aber kein Land ist so schlecht, dass es allen schlecht gehen muss. Es gibt immer neue Chancen, man muss sie nur erkennen und dann handeln. Sicher gibt es gesättigte Märkte, dann aber ist der Optimist pfiffig genug, neue Märkte zu erschließen und das sogar mit den selben Kunden. Der Pessimist dagegen zerfließt in Selbstmitleid und gibt sich schon geschlagen. Diese Situation ist kennzeichnend für die Deutschen, die sich von der schlechten wirtschaftlichen Grundstimmung herunterziehen lassen und dabei nicht sehen, dass es noch immer sehr gute Chancen gibt. Das gab es zu allen Zeiten und wird es auch immer wieder geben, solange Menschen auf diesem Planeten wohnen. Der Mensch ist mit dem Erreichten nie zufrieden. Er ist immer auf der Suche nach etwas Besserem und Neuem. Er ist die eigentliche Triebfeder für die Evolution. Diese Chance gilt es zu nutzen. Denken Sie nur daran, dass die Menschen immer Hosen mit Hosenträgern trugen, bis pfiffige Verkäufer auf die Idee kamen, Gürtel zu verkaufen. Oder erinnern wir uns an die beiden Schuhverkäufer, die in den vorderen Orient geschickt wurden, um Schuhe zu verkaufen. Der eine Verkäufer rief seinen Verkaufsleiter an und sagte: „Keine Chance, Schuhe zu verkaufen. Die Menschen laufen hier nur barfuß, die kennen keine Schuhe." Der andere Verkäufer rief ebenfalls seinen Verkaufsleiter an und sagte: „Ein riesiger Markt! Keiner der Menschen trägt Schuhe, wir können jedem ein Paar verkaufen." Es kommt immer auf die Einstellung an. Ich kann jedes und alles schlecht reden, ich kann aber auch in allem eine riesige Chance sehen. Es kommt einzig darauf an, die Situation richtig zu bewerten. Die Zahl der Pessimisten wird nicht aussterben und die Zahl der Zweifler ebenso wenig. Hören wir uns an, wie zu allen Zeiten Menschen das Unmögliche nicht für möglich hielten:

Der Duft des Erfolgs

„Die amerikanische Durchschnittsfamilie hat keine Zeit zum Fernsehen."

New York Times, 1939

„Der potentielle Weltmarkt für Kopiermaschinen ist höchstens 5.000 Stück."

IBM zu den Gründern von Xerox, 1959

„Ich denke, dass es einen Weltmarkt für etwa fünf Computer geben wird."

Thomas Watson, IBM-Vorsitzender, 1949

Diesen und vielen anderen Menschen ist zu Eigen, dass Sie zunächst einmal abwarten und zuschauen, wie andere auf die Nase fallen. Diese Menschen suchen die hundertprozentige Sicherheit, statt einmal ihre Chancen zu nutzen. Perfektionismus unterliegt einem sehr großen Problem. Man benötigt etwa 80 Prozent seiner Zeit, um eine Idee zu entwickeln und umzusetzen. Für die restlichen 20 Prozent braucht man mindestens nochmals die gleiche Zeit. Deshalb wird ein Perfektionist niemals erfolgreich, weil er nur damit beschäftigt ist etwas zu perfektionieren, statt zu handeln. Auch ich hätte mir eine Vertriebsstrategie basteln können, die auf dem Papier perfekt funktioniert. Aber nur die Wirklichkeit beweist, ob diese meine Strategie richtig gewesen wäre. Statt mir darüber tagelang den Kopf zu zerbrechen, bin ich herausgegangen und habe Menschen angesprochen. Natürlich gab es Rückschläge, aber die machten mich nur noch härter. Ich lebe nach dem Motto von Bill Gates (Gründer von Microsoft), der einmal sagte: *„Verdoppeln Sie Ihren Misserfolg."* Denken Sie immer daran, wenn Sie wieder einmal eine gute Idee nur deshalb nicht umsetzen wollen, weil Ihnen das Ergebnis nicht 100-prozentig genug ist. Perfekter sein als der reichste Mann der Welt macht keinen Sinn. Bill Gates wäre heute wahrscheinlich noch ein Normalverdiener, hätte er Anfang der 80er Jahre ein perfekt ausgereiftes Betriebssystem für Personal Computer auf den Markt bringen wollen. Er würde noch heute daran arbeiten. Selbst Windows, das meistverkaufte Programm der Welt, steckt noch heute voller Probleme. Und, hat es dem Erfolg von Bill Gates in irgendeiner Weise geschadet? Wohl kaum. Bill Gates ist heute einer der reichsten Männer der Welt. Diese Position teilt er sich mit Warren Buffett, einer amerikanischen Investorlegende sowie dem Gründer des IKEA Möbelhauses Ingvar Kamprad.

Wenn Sie an Ihren Erfolg glauben, dann wird Sie nichts auf dieser Welt aufhalten können. Egal, was Ihnen auch passieren mag. Es kommt immer darauf an, wie Sie eine Situation bewerten, negativ oder positiv. Sie können nicht verhindern, dass Sie Probleme haben, daraus besteht das Leben im Wesentlichen. Sie können aber sehr wohl verhindern, Probleme als solche zu sehen. Wenn Sie das tun, werden Sie immer negativer denken. Denken Sie dagegen, dass jedes Problem Ihnen zeigen will, dass es so nicht geht, können Sie daraus neue Chancen entwickeln. Ich möchte Ihnen an dem berühmten Beispiel des Bechers nach Rubin demonstrieren, dass jedes Ding zwei Seiten hat. Schauen Sie sich bitte hierzu das untere Bild an. Entspricht dieser Tisch Ihren Vorstellungen? Mögen Sie die Verschnörkelungen und den Tischfuß? Ach, Sie sehen gar keinen Tisch, sondern nur zwei weiße Gesichter, die sich fast an der Nase berühren? Was auch immer Sie sehen, Sie haben Recht. Beides zusammen sehen zu wollen, ist möglich, aber schwieriger. Sie müssen sich für eine Seite entscheiden, um etwas erkennen zu können. Wie im richtigen Leben. Auch hier kommt es darauf an, die richtige Seite zu wählen und wenn Sie mich fragen, dann sollten Sie immer die positive Seite auswählen.

Der Duft des Erfolgs

Mit Nachrichten und Informationen, die tagtäglich auf Sie eintreffen, verhält es sich ähnlich. Sie haben die Wahl, ob Sie in jeder Nachricht alle Schlechtigkeit dieser Welt sehen wollen oder ob sie darin eher eine Chance zum Aufbruch erkennen. Machen Sie es einfach wie Goethe, der meinte: „Wenn man einige Monate die Zeitungen nicht gelesen hat, und man liest sie alsdann zusammen, so zeigt sich erst, wie viel Zeit man mit diesen Papieren verdirbt."

Ich hüte mich genauso wie jeder andere davor, schlimme Ereignisse schön reden zu wollen. Der Krieg im Irak oder der Angriff vom 11. September 2001 sind katastrophale Ereignisse, die sich durch nichts schön reden lassen. Das ist unstrittig und mir tun all die Menschen Leid, die unter dieser Situation besonders leiden müssen. Sie haben mein Mitgefühl. Doch dieses Gefühl kann und darf nicht so weit gehen, dass ich mich derart herunterziehen lasse und mein Leben nicht mehr leben möchte. In einer Welt, in der mehr als sechs Milliarden Menschen leben, kann niemand verhindern, dass ein Teil von ihnen unter sehr schweren Bedingungen lebt. Das ist bitter, aber ich kann es nur dadurch ein wenig lindern, indem ich viel Geld verdiene und davon einen Teil spende. Wenn ich mich aber durch schlechte Nachrichten derart demotivieren lasse, falle ich ebenfalls, wie viele andere Menschen auf dieser Welt, den Sozialkassen zur Last und andere müssten für mich zahlen. Ist das gerecht oder ist es nicht eher unsere Pflicht, Geld und sogar viel Geld zu verdienen, damit alle davon profitieren können? Was auch immer Sie darüber denken, es sind Ihre Gedanken. Ich für meinen Teil habe mich entschieden, so zu leben, dass viele davon profitieren können. Egal, wie schlimm auch die Nachrichten dieser Welt sein mögen. Ich habe die Erfahrung gemacht, dass achtzig Prozent aller Nachrichten dramatischer geschildert werden, als es der Lage tatsächlich entspricht. Dazu gehört die ganze Diskussion um die Politik. Natürlich ist es ärgerlich, wenn der Staat die Renten kürzt, aber Sie als junger Mensch haben die Chance, diesem Chaos entgegenzuwirken, indem Sie in jungen Jahren genug Geld verdienen, um eben nicht vom Staat abhängig zu sein. Zwanzig Prozent aller Nachrichten sind tatsächlich schlecht. Dabei darf natürlich nicht übersehen werden, dass wir im Zeitalter der „Echtzeit" leben. Früher starben die Menschen genauso wie

Der Duft des Erfolgs

heute. Wenn in China jemand starb, dauerte es oft Wochen, bis wir in Deutschland davon erfuhren. Im Zeitalter des Internets erfahren wir heute davon binnen Sekunden. Das Ergebnis ist dasselbe. Doch wie Sie damit umgehen, ein anderes. Sie sollten sich wirklich fragen, ob Sie wirklich jede Nachricht an sich heranlassen wollen. Mark Twain, der bekannte amerikanische Schriftsteller, sagte auf dem Sterbebett: *„Ich hatte mein ganzes Leben viele Probleme und Sorgen. Die meisten von ihnen sind aber niemals eingetreten."* Mark Twain starb im Jahre 1910. Was er damals sagte, gilt heute genauso. Deshalb bitte ich Sie, bevor Sie dieses Buch weiter lesen, beantworten Sie doch einfach die nachstehenden Fragen, und kreuzen Sie an, ob Sie auf der Sonnenseite des Lebens stehen möchten oder eher die Schattenseite bevorzugen. Die Schattenseite ist typisch für die Opferrolle. Menschen, die sich für diese Position entscheiden, lieben es, sich als Opfer zu enttarnen, weil es einfach bequemer ist, die Schuld bei anderen zu suchen, als selber Verantwortung zu übernehmen. Deshalb sprechen Menschen auch gern über ihre Krankheiten, weil sie sich damit wichtig machen können und gleichzeitig um Verständnis bitten, warum sie dieses oder jenes jetzt nicht können.

Was wollen Sie?

Was wollen Sie?	Sonnenseite	Schattenseite
Erfolg oder Misserfolg?		
Viel Geld verdienen?		
Reich und unabhängig sein?		
Positive, bejahende Gedanken haben?		
Unternehmer oder Unterlasser sein?		
Frei oder fremdbestimmt leben?		
Selbstständig oder angestellt?		
Opfer oder Schöpfer sein?		
Probleme lösen oder den Kopf in den Sand stecken?		
Leben oder gelebt werden?		
Alt und gesund werden oder früh leiden?		
Eine Persönlichkeit sein oder in der Masse untergehen?		
Im Wohlstand oder in Armut leben?		

(Antworten ankreuzen)

Wenn Sie den Erfolg lieben, kommt es entscheidend darauf an, dafür etwas zu tun. Ein aufmerksamer Mensch wird sein Schicksal immer selbst in die Hand nehmen und sich nie fremd bestimmen lassen. Ich möchte Ihnen kurz erklären, was ich darunter verstehe.

Ein Buchhalter ist Angestellter eines Unternehmens. Genauso wie der Verkäufer. Ihnen allen ist gemeinsam, dass sie nur dann im Job bleiben können, wenn auch ihr Chef einen guten Job macht. Versagt die Unternehmensleitung, muss das Unternehmen aufgegeben werden und die Menschen verlieren ihre Arbeit. Sie sehen, obwohl jeder sein Bestes gibt, kann am Ende niemand garantiert sagen, dass alles gut ist und bleibt. Man ist im weitesten Sinne dem Schicksal ausgeliefert. Wer selbiges in die eigene Hand nimmt, wählt eine andere Situation. Eine Situation, die er selbst beeinflussen kann, indem er als selbstständiger Verkäufer und nicht als angestellter Verkäufer arbeitet. Denn die Aufgabe ist dieselbe, das Ergebnis aber ein ganz anderes. Ein Verkäufer muss jeden Tag aufs Neue beweisen, dass er einen guten Job macht. Egal, ob als eigener Chef oder als Angestellter. In beiden Fällen hilft es niemandem, wenn die Produkte nicht verkauft werden, nur Umsatz generiert Einkommen. Als Verkäufer habe ich die Möglichkeit, mein Leben und mein Einkommen frei zu gestalten. In keinem anderen Beruf geht es fairer zu. Bin ich faul und träge, verdiene ich wenig bis gar nichts. Bin ich fleißig und gewissenhaft, werde ich um ein Vielfaches mehr verdienen, als alle anderen. In diesem Fall möchte ich auch den höchstmöglichen Ertrag erhalten und den erziele ich, wenn ich eigenständig arbeite. Ist das nicht wunderbar? Wenn wir auch nicht wissen, wann unsere letzte Stunde geschlagen hat, so wissen wir doch eines ganz bestimmt: Jeder Mensch auf dieser Welt hat genau 24 Stunden Zeit am Tag und die Freiheit, zu entscheiden, wie er sie am besten nutzt. Keine Sekunde länger.

Ich bin deshalb der Meinung, dass die Zeiten nicht schlechter werden, sondern wir Menschen schlechter mit der Zeit umgehen. Natürlich ist es bitter, wenn mehr als 4 Millionen Menschen in Deutschland keinen Arbeitsplatz finden. Aber auch hier gilt mein Prinzip: Resignieren oder reagieren? Mit dem Reagieren steht es um uns Deutsche nicht zum Besten. In einer Umfrage des Instituts für Demoskopie Allensbach vom August 2000 antworteten die Menschen

Der Duft des Erfolgs

auf die Frage: „Wer schafft vor allem neue Arbeitsplätze?" sehr unterschiedlich, um nicht zu sagen, sehr erschreckend. Denn 25 Prozent der befragten Bürger wussten überhaupt keine Antwort. 30 Prozent der Bevölkerung, und damit die meisten, glaubten, der Staat schafft die Arbeitsplätze. Nur magere 16 Prozent antworteten unter Verweis auf „Unternehmen und Firmen" und nur noch magere 12 Prozent sahen die Unternehmer selbst in dieser Rolle[1]. Diese Antworten machen deutlich, dass wir eine völlige Verdrehung der Verhältnisse haben. Keiner der Befragten erkannte, dass auch er ein Stück weit für die Arbeit in diesem Land verantwortlich ist. Stattdessen verlässt man sich wieder auf andere und wundert sich, wenn diese einen fallen lassen wie eine heiße Kartoffel, wenn die Situation brenzlig wird. Es verdeutlicht darüber hinaus, dass scheinbar der überwiegende Teil der Menschen sich nach wie vor auf den Staat verlässt. Das ist sehr bitter. Aber lamentieren hilft nicht. Es geht vielmehr darum, nach vorne zu schauen und sich nicht unterkriegen zu lassen. Apropos unterkriegen lassen. Eine große Gefahr sehe ich auch darin, dass viele Angestellte ihre gesamten Einkünfte ausgeben und keine finanziellen Rücklagen bilden. Kommt es dann zu unvorhergesehenen Ereignissen, sind sie oft nicht in der Lage, hierauf angemessen zu reagieren, weil keine finanziellen Ressourcen vorhanden sind. Es stellt sich also doch die Frage:

1. Wie lange kann ich von meinem jetzigen, frei verfügbaren Vermögen weiterleben, wenn meine heutigen Einnahmequellen weg brechen würden?

Diese Frage zu beantworten, stellt viele Menschen vor große Schwierigkeiten. Sie macht nämlich deutlich, dass viele ihre Finanzen nicht im Griff haben. Sie wissen nicht, wie viel Geld sie monatlich verdienen, wie hoch ihre Ausgaben sind und wie viel Geld letztlich am Monatsende übrig bleibt. In diesem Fall empfiehlt sich ein Kassensturz und aufzuschreiben, wie sich die monatlichen Ausgaben zusammensetzen. Nichts sollte ausgelassen werden. Von der Miete, über das Auto, bis hin zu den Ausgaben für Theater, Kino und

---

[1] Quelle: Institut für Demoskopie Allensbach

Schwimmbad sollte keine Position auf der Liste fehlen. Am Ende addieren Sie die Zahlen und erhalten so den monatlichen Ausgabebetrag. Schauen Sie jetzt auf Ihr Sparbuch und nehmen diesen Wert und teilen ihn durch die monatlichen Gesamtkosten:

$$\frac{\text{Verfügbares Kapital}}{\text{monatliche Fixkosten}} = \underline{} \text{ Monat}$$

Das Ergebnis zeigt die Anzahl der Monate, in denen Sie Zeit haben, um in Ruhe wieder nach neuen Einkommensquellen zu suchen. Dazu ein Beispiel: Ihre Berechnung hat ergeben, dass Sie über ein frei verfügbares Vermögen von 10.000 Euro verfügen. Ihre monatlichen fixen Ausgaben betragen 2.500 Euro. 10.000 Euro geteilt durch 2.500 Euro ergeben nur 4 Monate. Sie können nur 4 Monate Ihre Ausgaben weiterhin begleichen, ohne dass Sie Ihren Lebensstandard einschränken müssen oder irgendwelche Gläubiger am Hals haben. Vier Monate scheinen auf den ersten Blick eine recht lange Zeit zu sein. Doch das täuscht. Diese Zeit wird wie im Fluge vergehen und am Ende sind Sie pleite. Es gibt zwei Möglichkeiten, dieser Entwicklung vorzubeugen:

1. Sie sparen mehr oder
2. Sie verdienen mehr

Die erste Möglichkeit wird schwierig, wenn man ohnehin nur wenig verdient. Da gefällt mir in jedem Fall die zweite Position besser. Der Haken daran ist nur, dass Sie als Angestellter Ihre Einkünfte nicht beliebig vermehren können. Selbst wenn Sie mehr arbeiten als andere wird es schwierig. Ihre Zeit ist nun einmal begrenzt. Im Übrigen wird Ihr Chef ja auch nur mehr Geld zahlen, wenn er tatsächlich dazu in der Lage ist und Sie ihm auch nachhaltig eine höhere Wertschöpfung garantieren. Wie aber können Sie den Wert Ihrer Arbeit realistisch erhöhen, wenn Sie ohnehin schon bis an den Rand der Erschöpfung arbeiten? Da haben es Leute wie Dieter Bohlen oder Bill Gates irgendwie besser. Sie haben es geschafft, wovon heute noch viele träumen. Sie arbeiten nur noch des Vergnügens wegen,

Der Duft des Erfolgs

lassen andere für sich arbeiten und verdienen in einem atemberaubenden Tempo Geld.

Das können Sie auch!

Wer es schafft, Arbeitskraft und Zeit zu multiplizieren, hat den Königsweg gefunden. Erfinder (wie Bill Gates), Autoren (wie Stephen King) und Musiker (wie Dieter Bohlen) machen es genauso und erfreuen sich über ihr so genanntes Residualeinkommen. So werden wiederkehrende, passive Einkünfte für einmal getane Arbeit bezeichnet. Ein Buchautor verdient ein Leben lang an seinem Buch, welches er nur einmal geschrieben hat. Genauso wie ein Musiker, der mit jedem produzierten Lied ein Leben lang verdienen wird. Eine ähnliche Form des Einkommens bietet Network-Marketing. Es ist für mich die beste Möglichkeit, mit geringem Risiko viel Geld zu verdienen. Man ist sein eigener Chef und hat gleichzeitig einen verlässlichen, großen Partner im Hintergrund, der einem die Produktentwicklung, Herstellung und Logistik abnimmt. Das ist Selbstständigkeit vom Feinsten und der einzige Weg, mit geringem Risiko die Vorteile des Selbstständigseins voll auszuschöpfen. Aus meiner Sicht gibt es keinen besseren Weg zur finanziellen Unabhängigkeit, die ganz im Sinne des legendären amerikanischen Milliardärs Jean Paul Getty ist:

> *„Es gibt nur einen einzigen Weg, abgesehen von ein paar Ausnahmefällen, sich ein echtes Vermögen aufzubauen: Man muss sein eigenes Unternehmen gründen."*

Also, worauf warten Sie noch? Werden Sie durch Network-Marketing Ihr eigener Chef. Das ist viel einfacher, als Sie zunächst glauben würden.

Der Duft des Erfolgs

Network-Marketing, die Chance für jedermann

Ich möchte Ihnen an einem einfachen Beispiel aufzeigen, wie Network-Marketing funktioniert und warum ich hierin die Chance für jedermann sehe. Nehmen wir einmal an, Sie eröffnen ein Café mit einhundert Sitzplätzen. Ihr Angebot von Kaffee und Kuchen schmeckt den Gästen so gut, dass Ihr Caféhaus jeden Tag voll ausgebucht ist. Die durchschnittliche Verweildauer Ihrer Gäste liegt bei zwei Stunden und Sie haben das Café zwölf Stunden am Tag geöffnet. Nehmen wir an, jeder Ihrer Gäste verzehrt für zehn Euro. Dann kommen Sie auf einen Tagesumsatz von 6.000 Euro. Umsatz ist natürlich nicht Gewinn. Denn von diesem Betrag müssen noch die Kosten abgezogen werden. Angenommen, die Kosten für Personal, Nahrungsmittel und Räumlichkeiten belaufen sich auf 60 Prozent, dann sieht Ihre Tageskasse am Ende so aus: 60 % von 6.000 Euro = 3.600 Euro. Die Kosten belaufen sich auf 3.600 Euro, der Gewinn demnach auf 2.400 Euro (= 6.000 Euro minus 3.600 Euro). Dieser Gewinn steht Ihnen noch nicht ganz zur Verfügung. Denn hiervon sind noch Steuern abzuziehen und evtl. Kosten für ein Darlehen, welches Sie als Existenzgründungsdarlehen erhalten haben. Zum besseren Verständnis unterstellen wir einfach nochmals 50 Prozent Kosten und Steuern vom Gewinn. Dann blieben Ihnen 1.200 Euro pro Tag. So wie Sie Ihr Café jeden Tag in der Woche geöffnet haben, was natürlich nicht unüblich ist, gerade dann, wenn es in einer belebten Straße liegt, verdienen Sie mit diesem Café mehr als 400.000 Euro pro Jahr. Ein stolzer Betrag und Sie könnten sich nun zurücklehnen.

Doch bekanntlich ist nichts dynamischer als der Wandel. Es gibt in diesem Leben keine Sicherheit. Bezogen auf unser Beispiel könnte es sein, dass die Straße, an der sich das Café befindet, verlegt wird und damit keine Leute mehr ins Café kommen, weil es jetzt nicht mehr zentral liegt. Einer solchen Entwicklung gilt es vorzubeugen, z. B. durch Expansion. Bis vor einigen Jahren waren die Unternehmer gezwungen, Filialen zu gründen. Das verursachte nicht nur immense Kosten, sondern barg viele zusätzliche Risiken. Neben teuren Mieten, mussten zusätzliche Leute eingestellt und verwaltet werden. Bis zu diesem Zeitpunkt konnte sich der Unternehmer auf ein Geschäft konzentrieren. Nach Gründung der Filialen wird er sich um immer mehr Geschäfte kümmern. Nicht selten enden solche Bestrebungen mit einem Herzinfarkt, weil jeder Unternehmer genau 24 Stunden Zeit am Tag hat. Will er immer mehr Arbeit in der gleichen Zeit unterbringen, wird das nicht ohne gesundheitliche Risiken gehen. Die Ruhe und Gelassenheit ist vorbei. Heute gibt es bessere Modelle, um dieser Entwicklung vorzubeugen. Ich bleibe daher bei dem Beispiel mit dem Café.

Es könnte doch sein, dass Sie als Inhaber einen ganz besonderen Kaffee kochen können. Hierzu haben Sie ein Verfahren entwickelt, was kein Zweiter hat. Inzwischen ist Ihr Café weit über die Stadtgrenzen bekannt, sodass es schon einen Namen hat, einen Brand, wie die Engländer zu sagen pflegen. Nie sollten Sie die Bedeutung von Namen herunterspielen, wie es die Engländer nach dem Krieg gemacht haben. Um ihre Landsleute vor deutschen Waren besser zu schützen, wurden die Importeure gezwungen, diese Waren mit einem Stempel besonders zu kennzeichnen: „Made in Germany". Damit sollten Kunden abgeschreckt werden, deutsche Produkte zu kaufen. Heute ist bekannt, dass das Gegenteil eintrat. Engländer kauften diese Produkte, weil deren Qualität um ein Vielfaches besser war als die der englischen Produkte. So wandelte „Made in Germany" von einem Makel zu einem Qualitätssiegel und belegt eindrucksvoll, wie wichtig Markenzeichen sind. Angenommen, auch Sie haben es geschafft, dass Ihr Name in aller Munde ist. Was liegt da näher, als nun andere Menschen an diesem Erfolg zu beteiligen. Sie gründen, wie McDonalds, ein Franchise-System und nennen sich McCaffeè (oder so ähnlich). Ihre Franchisenehmer erhalten nun von Ihnen ein fertiges Geschäftskonzept neben dem Recht, Ihren Namen zu benützen. Im Gegenzug erhalten Sie drei Prozent vom Umsatz. Unterstellt, in drei Jahren haben Sie einhundert Partner gefunden, die alle den gleichen Umsatz machen, wie Sie schon heute, nämlich 6.000 Euro pro Tag. Drei Prozent von 6.000 Euro ergeben einhundertachtzig Euro pro Tag und Franchisenehmer. Bei einhundert Franchisenehmern verdienen Sie somit pro Tag 18.000 Euro. Im

Monatsdurchschnitt um die 500.000 Euro. Im Jahr mehr als 6.000.000 Euro. Das ist mehr als zehnmal soviel wie Sie alleine erwirtschaftet hätten. Und jetzt frage ich Sie: Haben Sie dafür härter gearbeitet? Sicher nicht, Sie haben nur Ihre Zeit besser eingesetzt.

Natürlich können Sie jetzt einwerfen, dass meine Zahlen Schönfärberei sind und ich hier bar jeder Vernunft etwas vorrechne, was so ja gar nicht funktionieren kann. Nun denn, dann werde ich nun mit anderen Zahlen rechnen und beweisen, dass auch hier noch Supergewinne möglich sind. Ich unterstelle auch hier, dass Sie in drei Jahren 100 Partner gefunden haben. Das ist ohne Probleme möglich, pro Jahr 33 Partner und damit 3 neue Partner pro Monat zu finden. Nehmen wir an, dass von diesen Partnern die Hälfte einen Umsatz von 6.000 Euro pro Tag generiert und die andere Hälfte gar keinen Umsatz tätigt (was eigentlich so gar nicht passieren kann). Jetzt unterstelle ich, dass Sie nicht 3 Prozent vom Umsatz erhalten, sondern nur noch 1 Prozent. Das wären dann 60 Euro pro Tag. Multipliziert mit der Anzahl der arbeitenden Franchisebetriebe fließen somit täglich 3.000 Euro pro Tag in Ihre Kasse. Das sind im Monat immerhin 90.000 Euro und pro Jahr mehr als 1 Million Euro. Das ist aus meiner Sicht doch ein fantastisches Ergebnis, oder wie sehen Sie das? Wir reden hier von einem Stundenlohn in Höhe von 100 Euro rund um die Uhr. Jeden Tag, 24 Stunden.

Aber es geht noch einfacher. In diesem Beispiel habe ich Ihnen aufgezeigt, wie sich mit 100 Franchisenehmern ungeahnte Verdienstmöglichkeiten auftun. Lassen Sie uns jetzt die Situation anschauen, was passiert, wenn Sie sich nicht mit 100 Menschen unterhalten müssen, sondern nur mit 10 Menschen, die Sie ausbilden und trainieren. Diese 10 Franchisenehmer haben nun die Aufgabe, Geschäfte zu tätigen und das Konzept weiter zu empfehlen, um neue Partner zu gewinnen. Sie werden überrascht sein, wie schnell Sie über diesen Weg mehr als 100 Menschen für Ihr Geschäft gefunden haben werden und dadurch Ihre finanzielle Unabhängigkeit erreichen. Genau nach diesem Prinzip funktioniert Network-Marketing. Von diesem System profitieren alle. Ihre Kunden durch die direkte Beratung und Betreuung vor Ort. Eine wunderbare Dienstleistung, die heute eher selten zu finden ist. Die meisten Kunden sind es nämlich gewohnt, in Selbstbedienungsläden einzukaufen. Die Handelsketten sind nicht darauf ausgelegt, Kunden zu beraten. Dafür fehlt das Personal. Schon aus diesem Grund wird Network-Marketing das Vertriebssystem der Zukunft sein. Je besser Ihre Geschäftspartner ihren Job machen, desto größer fällt der Provisionsscheck aus. Daran sind Sie ebenfalls prozentual beteiligt.

Network-Marketing ist deshalb so interessant, weil Sie hier ein System an die Hand bekommen, mit dem Sie Ihre begrenzte Zeit um ein Vielfaches duplizieren können. Man könnte fast meinen, dass das bekannte Sprichwort „Zeit ist Geld" seine Wurzeln im Network-Marketing hat.

Der Duft des Erfolgs

So vermehrt sich Zeit

Das Geheimnis für Reichtum und Wohlstand liegt in der optimalen Nutzung der begrenzten Zeit. So können Sie mit einer ganz einfachen Hebelwirkung aus zehn Stunden mehr als fünfhundert Stunden machen.

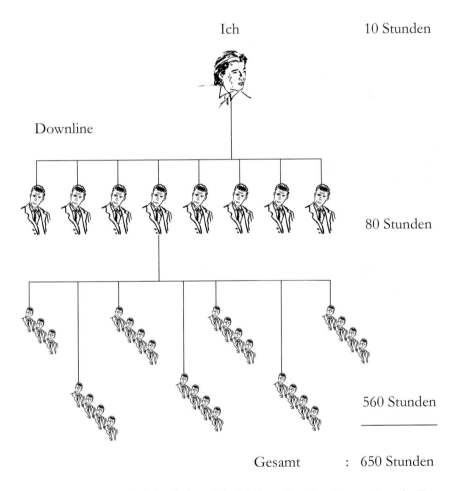

Nach diesem Beispiel arbeiten Sie 10 Stunden, in denen Sie acht Berater schulen, die ihrerseits wieder 10 Stunden arbeiten, so dass im

Ergebnis insgesamt 90 Arbeitsstunden zusammen kommen (= Ihre 10 Stunden plus 8 x 10 Stunden Ihrer Berater). Diese acht Berater arbeiten ihrerseits wieder mit weiteren Beratern zusammen. Nehmen wir an, insgesamt 56 Partner, die ebenfalls 10 Stunden arbeiten, so kommen Sie auf 560 Arbeitsstunden. Insgesamt also 650 Stunden. Durch Network-Marketing ist es möglich, seine Arbeitszeit nicht nur zu addieren oder multiplizieren, sondern zu potenzieren. Kein anderes System schafft diese gewaltige Hebelwirkung.

Network-Marketing ist ein System, dessen Stärke im Zusammenhalt und gegenseitiger Unterstützung liegt. Letztlich sitzen alle in einem Boot. Die Frage ist nur, ob wir allein sitzen wollen oder lieber im Team. Was glauben Sie, welches Ruderboot erreicht sein Ziel schneller? Das Boot mit nur einem Ruderer oder das Ruderboot mit mehreren Ruderern, die gleichzeitig in eine Richtung rudern? Network-Marketing, oft auch Multilevelmarketing oder Strukturvertrieb genannt, arbeitet nach dem gleichen Prinzip. Einer gibt die Richtung vor und die anderen rudern gemeinsam zum Ziel. Wenn alle gleichzeitig rudern, erreicht das Boot schneller sein Ziel. Rudert nur die Hälfte der im Boot sitzenden Menschen, bleibt das Boot nicht stehen, es fährt nur langsamer. Wer dagegen allein im Boot sitzt, muss immer rudern und darf nie aufhören, dann treibt er in die falsche Richtung.

Deshalb begeistern sich immer mehr Menschen für diese wunderbare Vertriebsform. Jeder unterstützt jeden und alle kennen das Ziel. Network-Marketing ist deshalb so toll, weil Sie sofort und ohne großes Risiko anfangen können. Sie brauchen keinen Unternehmenskredit, müssen sich nicht mit Banken herumplagen und kommen ohne eigenes Personal aus. Sie benötigen kein Ladengeschäft und natürlich kein Lager. Ist das nicht wunderbar? Sie allein bestimmen durch Ihren Einsatz Ihren finanziellen Erfolg. Sie werden keinen Chef haben, der Ihnen sagt, was Sie zu tun haben. Sie sind Ihr eigener Chef und können Tun und Lassen was immer Sie wollen. Und Ihr Markt ist die ganze Welt. Sie können sich frei und überall bewegen, ohne Einschränkungen. In diesem System gibt es nur Gewinner und das ist das eigentlich Besondere daran. Denn neben den Vorteilen, die Sie genießen, kommt auch Ihr Kunde in den Genuss zahlreicher Vorteile:

- Beratung zu jeder Zeit, unabhängig von Ladenöffnungszeiten
- Beratung zu Hause
- Bequem und risikolos einkaufen
- Erstklassiger Kundenservice
- hochwertige Produkte zu günstigen Preisen

Aufgrund dieser fast schon paradiesischen Verhältnisse verwundert es nicht, dass diese Vertriebsform einen gewaltigen Boom erlebt. In einer Studie der Ruhr-Universität Bochum wurde errechnet, dass die Verkaufserlöse im Direktvertrieb für Konsumgüter allein in den vergangenen zehn Jahren von 13 Milliarden Euro auf 20 Milliarden Euro gestiegen sind. Nach dieser Studie findet heute jedes vierte elektrische Haushaltsgerät, jedes zehnte Auto und jedes zehnte Kosmetikprodukt über den Direktvertrieb seinen Kunden[2]. Weltweit werden jährlich über 100 Milliarden US-Dollar auf diesem Weg umgesetzt. Network-Marketing kommt ohne Werbung aus, denn das System lebt von der „Mund-zu-Mund-Propaganda". Glaubt man den verschiedensten Analysen, dann wird der Markt für Network-Marketing in den nächsten Jahren die höchsten Zuwachsraten haben. Man nimmt an, dass die Verkaufszahlen um jährlich mehr als 10 Prozent steigen werden. Doch so genau weiß das natürlich niemand. Das ist meiner Meinung nach auch gar nicht so wichtig. Viel wichtiger ist für mich, dass Sie dabei sind. Denn nur dann werden Sie von diesem Boom profitieren.

Fassen wir nochmals zusammen: Networker erarbeiten sich eine Rente, ohne je Beiträge zu zahlen. Sie haben eine Menge Mitarbeiter, ohne je Gehälter zu zahlen. Er verdient oft mehr als ein Generaldirektor eines mittelständischen Unternehmens und muss sich nicht mit den typischen Problemen eines Chefs herumplagen. Er kann sich voll und ganz auf seine Arbeit konzentrieren. Zu einhundert Prozent!

---

[2] Prof. Dr. Michael Zacharias, Universität Worms; Direktvertrieb

Alles ist schwierig, bevor es leicht wird

Natürlich darf bei aller Euphorie über Network-Marketing nicht übersehen werden, dass niemanden die gebratenen Tauben in den Rachen fliegen. Vielmehr ist es so, dass die Götter vor den Erfolg nach wie vor den Schweiß gesetzt haben. Network-Marketing ist kein Sammelbecken für Leidensgenossen, die mit wenig Arbeit viel Geld verdienen wollen. Network-Marketing bedeutet arbeiten, arbeiten und nochmals arbeiten. Aber genau darin liegt der Reiz. Je früher Sie anfangen, desto eher können Sie die Früchte Ihrer Arbeit genießen. Mehr als dreißig Millionen Menschen haben in Deutsch-land einen festen Arbeitsplatz und schuften vierzig Jahre, um dann mit 65 Jahren endlich in Rente gehen zu dürfen. Statistisch gesehen werden die Frauen im Schnitt 78 Jahre und die Männer 76 Jahre alt. Mit anderen Worten: Nach vierzig Jahren harter Arbeit bleiben einem im Schnitt nur noch zehn Jahre, um das Leben zu genießen. Noch schlimmer kommt es, wenn wir uns die finanzielle Seite anschauen. Ein Angestellter, der dreißig Jahre 3.500 Euro verdient, erwirbt im Rentenalter einen Rentenanspruch von rund 1.400 Euro. Mit anderen Worten: Man muss dreißig Jahre schuften und lückenlos in die Rentenkasse einzahlen, um am Ende von 1.400 Euro durch staatliche Gnaden leben zu dürfen. Sieht so Ihre Zukunft aus? Networker, die innerhalb eines Jahres einen „normalen" Job machen und nur nebenberuflich starten, verdienen bereits nach wenigen Monaten einen Betrag von 1.400 Euro! Um wie viel besser wird sich Ihre finanzielle Situation verbessern, wenn Sie so richtig Gas geben und einige Jahre nichts anderes machen, als im Network-Marketing alles zu geben?

Wollen Sie das auch?

Ist es nicht wesentlich lukrativer, zehn Jahre hart zu arbeiten und dann vierzig Jahre Lifestyle pur zu erleben, als vierzig Jahre zu arbeiten und nur zehn Jahre Lifestyle mit kaputten Knochen und den altersbedingten Beschwerden zu erleben? Network-Marketing bietet Ihnen die Möglichkeit, unbegrenzt zu wachsen und gleichzeitig das

Der Duft des Erfolgs

Leben in vollen Zügen zu genießen. Vorausgesetzt, Sie wollen es wirklich. Dann müssen Sie es anpacken. Sofort und ohne Umwege.

Auch meine Karriere bei LR begann weniger spektakulär als es heute den Anschein haben mag. Ich bin 1970 geboren und habe nach der Schule eine Ausbildung zum Textilmaschinenführer im westfälischen Ahaus begonnen. Mit neunzehn Jahren hatte ich ausgelernt. Noch im selben Jahr wurde ich in der Firma angesprochen, ob ich Interesse hätte, Parfum zu verkaufen. Sie können sich sicher vorstellen, dass ich sehr darüber lachen musste. Ein Mann, der Parfum verkauft? Das fand ich wirklich lachhaft. Andererseits verdiente ich nicht sehr viel, hinzu kamen noch Schulden von mehr als 35.000 Euro. Ja, Sie lesen richtig. Mit neunzehn Jahren hatte ich diese gewaltigen Schulden angehäuft, weil ich einen dummen Fehler gemacht hatte. Schon damals liebte ich große Autos und so lieh ich mir einen entsprechenden Wagen, der leider nicht versichert war. Ich verursachte einen Unfall, der mich eben besagte 35.000 Euro kostete. Natürlich hätte ich damals den Kopf in den Sand stecken können, doch das entsprach nicht meinem Naturell. Ich habe zu allen Zeiten die Verantwortung für mein Verhalten übernommen und niemanden im Stich gelassen. Schon als Kind übernahm ich die Verantwortung, wenn wir in der Gruppe wieder einmal Blödsinn gemacht hatten. Also, ich verdiente zu dieser Zeit rund 1.000 Euro. Von diesem Betrag musste ich sämtliche Kosten bestreiten und 400 Euro für die Tilgung der Schulden bezahlen. So schnell wie ich das Geld einnahm, verließ es mich auch wieder. Dabei arbeitete ich schon mehr als alle anderen. Um die Schulden zu bezahlen, reichte mein normales Gehalt nicht aus. Ich war gezwungen, Überstunden zu machen oder Nachtdienste zu schieben, um zusätzliches Geld zu verdienen. Ich arbeitete in drei Schichten, um endlich von diesen Schulden loszukommen. Das hätte ich noch mindestens sieben Jahre machen müssen, um die Schulden zu bezahlen. Wer soviel arbeitet, hat auch keine Zeit mehr für Hobby, Freunde und Bekannte. In dieser für mich sehr schweren Zeit verlor ich deshalb auch fast alle Bekanntschaften. Das war sehr bitter und ein Ende nicht abzusehen. Doch wenn ich eines nicht mag, dann sind es Menschen, die ihre selbst gewählten Leiden und Probleme nicht lösen und die Schuld noch immer bei anderen suchen. Mir war klar, dass ich für diese Situation ganz allein verantwortlich war, egal ob das Auto versichert war oder nicht. Ich hätte ja den Besitzer des Wagens vorher fragen können, ob sein Auto zum einen verkehrstechnisch in Ordnung ist und zum anderen die Versicherung bezahlt wurde. Die Schuld lag also ganz allein bei mir und ich wollte, dass am Ende keiner mit leeren Händen dasteht. Deshalb suchte ich schon immer eine Möglichkeit, mehr Geld zu verdienen. Damals wie heute lebe ich nach einem Leitmotiv des legendären Autobauers Henry Ford, der einmal sagte:

> *„Ich prüfe jedes Angebot, es kann die Chance meines Lebens sein."*

Nach meinem ersten Lachanfall in Sachen Mann und Parfum beruhigte ich mich und sagte spontan zu. Ich hatte ja nichts zu verlieren, ich konnte nur gewinnen. Warum also nicht einmal Parfum verkaufen? Auch hier mag ich mich von vielen anderen Menschen unterscheiden, deren Leben in harmonischen und geordneten Bahnen verläuft. Ihr Leben gleicht einer Perlenkette. Es reiht sich ein geplantes Ereignis an das nächste. Sicher, der Vorteil liegt darin, dass man vor den täglichen Angriffen des Lebens besser geschützt ist, aber das Leben lässt sich nicht planen, schon gar nicht, wenn man mehr Freude am Leben haben möchte. Ich bin der Meinung, man muss jeden Tag neu leben. Jeder Tag ist wie der Beginn eines neuen Lebens. Der Morgen ist wie die Geburt, der Nachmittag die Blüte unseres Lebens und der Abend der leise Tod. Wenn man das einmal begriffen hat, wird man lernen, den Tag besser zu nutzen. Nur ein Geschäft, das ich heute mache, ist ein gutes Geschäft. Die Geschäfte, die ich plane und dann vielleicht irgendwann einmal machen werde, sind keine Geschäfte. Keiner brachte die Entwicklung besser auf dem Punkt wie der deutsche Dramatiker Bertold Brecht: *„Ja, mach nur einen Plan und sei ein großes Licht, und mach noch einen zweiten Plan, gehn tun sie beide nicht."*

Ich entschied mich also für LR und brauchte dafür einen Tester, eine Art Geschäftsausstattung, um selbstständig Geschäfte machen zu können. Dafür musste ich damals 1.000 Euro zahlen, immerhin ein ganzes Monatsgehalt. Können Sie sich vorstellen, in welcher Situation ich mich damals befand? Ich hatte noch 35.000 Euro Schulden, kein Geld übrig und sollte nun noch einmal 1.000 Euro investieren. Schweren Herzens entschied ich mich zu diesem Schritt, weil ich darin eine Chance sah. Doch meine Bewährungsprobe sollte mir noch bevorstehen. Ich musste mir diese 1.000 Euro leihen, deshalb ging ich zu meiner Hausbank und bat um einen Kleinkredit. Der Banker wollte ganz genau wissen, um welche Geschäftsidee es sich handelte. Ich erklärte ihm am Schalter, auf was ich mich einlassen werde. Anscheinend war er damit überfordert und deshalb bat er mich in sein Besprechungszimmer, und ich begann nochmals zu erklären, wofür ich das Geld haben wollte. Dann begriff der Banker und fragte mich ganz naiv: „Ist das so etwas wie Avon?" und lächelte, fast so, als wolle er mich auslachen. Doch auch hier ließ ich nicht locker. Ich wollte das Geschäft und deshalb redete ich mit Engelszungen auf den Banker ein, der mir nach zähen Verhandlungen einen Kleinkredit von 1.000 Euro genehmigte. Dafür bin ich ihm heute noch dankbar, auch wenn es eher meiner Hartnäckigkeit zu verdanken war. Damals hielt sich mein Dank aber auch in Grenzen, denn dieser Kredit war mit einer harten Auflage versehen: Ich hatte den Betrag innerhalb weniger Monate mit Zins und Zinsen voll zurückzuzahlen. Also keine monatliche Ratenzahlung, sondern Cash zurück! Doch ich sagte mir, wer nicht wagt, der nicht gewinnt, obwohl ich soeben den Saldo meines Schuldenkontos auf 36.000 Euro erhöhte.

Gestärkt aus dieser Verhandlung unterschrieb ich den LR-Vertrag und wartete nun täglich auf die Paketpost, die mir das Starterset bringen sollte. Dabei hatte ich ein weiteres Problem zu lösen. Ich wohnte zu dieser Zeit noch bei meinen Eltern und mein Vater stand neuen Sachen sehr kritisch gegenüber. Erschwerend kam hinzu, dass das Starterset per Nachnahme geliefert wurde und ich mochte mir nicht ausmalen, was passieren würde, wenn mein Vater dem Briefträger die Tür öffnet. Stellen Sie sich vor, Sie haben einen Sack voller Schulden, machen neue Schulden, wohnen noch bei den Eltern und am Ende steht ein freudestrahlender Paketbote in der Tür, um 1.000 Euro per Nachnahme zu kassieren. Ich glaube, an dieser Stelle wür-

Der Duft des Erfolgs

den viele schon das Handtuch schmeißen. Natürlich hatte ich nichts zu verheimlichen und schon gar nicht vor meinen Eltern. Ich wollte nur jeder schädlichen Diskussion aus dem Weg gehen. Wer sich für etwas Neues entscheidet, trifft nicht selten auf Menschen, die versuchen, alles schlecht zu reden und einem die Situation madig zu machen. Diese Menschen handeln aus ihrer Sicht im guten Glauben, weil sie uns vor uns selbst schützen wollen. Das ist natürlich blanker Unfug. Jeder sollte wissen, was er tut und warum er etwas tut. Letztlich ist man nur für sich selbst verantwortlich. Mein Vater war auch so ein Mensch, der immer im guten Glauben auf mich einredete. Ich wusste genau, dass auch er versucht sein wird, meine Entscheidung klein zu reden und nicht zu akzeptieren. Deshalb wollte ich es gar nicht so weit kommen lassen und wartete daher geduldig auf den Paketboten.

Weil ich zu dieser Zeit Spätschicht hatte, konnte ich des Morgens bequem auf den Paketboten warten. Doch sicher haben Sie schon einmal von Murphy´s Law (Murphy´s Gesetz) gehört. Sinngemäß heißt es dort in etwa: „Was schief gehen kann, geht schief." Es verhält sich wie ein Marmeladenbrot, das fast immer mit der Marmeladenseite auf den Boden fällt. So auch bei mir. Es klingelte und mein Vater öffnete die Tür und sah sich einem fordernden Paketboten gegenüber. Das, was ich unter allen Umständen vermeiden wollte, trat ein. Ich bezahlte das Paket und musste, nachdem die Tür geschlossen wurde, eine Standpauke über mich ergehen lassen. Ich erklärte meinem Vater, dass ich ab sofort Parfum verkaufen, mehr als 10.000 Euro im Monat verdienen und natürlichen einen Mercedes SL fahren werde. Von diesem Geld wollte ich dann nicht allein leben, sondern einen nicht unerheblichen Teil meiner Familie zukommen lassen, damit mein Vater, der ein Leben lang gearbeitet hat, nicht mehr arbeiten musste. Mein Vater hörte sich meine Ausführungen geduldig an, legte dann die Hand auf meine Schulter, und meinte nur: „Mein Junge, wenn es wirklich so gut und einfach ist, wie du mir das schilderst, dann würde es doch jeder machen. Sieh mich an, ich habe 25 Jahre hart gearbeitet und verdiene heute eben keine 5.000 Euro im Monat."

Ich konnte ihm seine Reaktion noch nicht einmal verdenken. Mein Vater kannte nur eines: Arbeiten bis zum Umfallen. Es war völlig klar, dass er so reagieren musste. Sie sehen, ich hatte das Paket noch nicht einmal ausgepackt und nur mit zwei Menschen über dieses Projekt gesprochen: Meinem Vater und der Bank. Beiden war gemeinsam, dass sie mir dieses Vorhaben ausreden wollten, weil sie darin keine Chance sahen. Sie können sich nun auch vorstellen, wie dann meine Freunde und Bekannten reagierten. Genau so. Alle lächelten nur und schüttelten mit dem Kopf. Sie wollten nicht glauben, dass ein junger Mann, statt einer normalen, sicheren Anstellung nachzugehen, seine ganze Hoffnung auf einen Parfumvertrieb setzt.

Aber mein Entschluss stand fest. Durch meine Arbeit in der Textilfabrik habe ich viele Menschen gesehen, die mit einem Herzinfarkt am Arbeitsplatz zusammengebrochen sind. Ich wusste, so werde auch ich enden, wenn ich jetzt nichts verändere. Heute bin ich dankbar, dass ich in jungen Jahren schon die Erkenntnis hatte, das normale Arbeit nie reich macht. Andere Menschen brauchen für diese Erleuchtung mehr als vierzig Jahre. Noch schlimmer ist doch die heutige Generation dran. Wenn ich bedenke, dass die Sozialabgaben schon fast die Hälfte unseres Einkommens aufzehren und die Politiker uns heute gar nicht mehr garantieren können, im Alter überhaupt noch eine Rente zu bekommen, wird mit speiübel. Wie hilflos müssen die Menschen in Deutschland sein, die sich einem solchem System aussetzen? Es kann doch nicht sein, dass jemand seine Altersvorsorge dem Staat überlässt. Schon heute ist Rentenarmut die bittere Realität und es wird noch viel schlimmer kommen. Im Oktober 2003 brach ein deutscher Kanzler ein bis dahin geltendes Gebot. Er kürzte die Renten. Das muss man sich einmal vorstellen. Die heutige Rentengeneration hat über vierzig Jahre und länger eingezahlt, um sich Ansprüche zu sichern. Am Ende müssen sie zusehen, wie die nachfolgende Generation ihnen dieses bisschen Geld noch neidet. Glauben Sie, dass die Zeiten besser werden?

Allein aus diesem Grund muss doch jeder normal denkende Bürger ein Interesse daran haben, seine Situation heute und dauerhaft zu verändern. Doch bekanntlich ist der Geist willig und das Fleisch schwach. In Deutschland eher umgekehrt. Hier ist der Geist schwach und das Fleisch willig. Wie sonst ist es zu erklären, dass Menschen bereit sind, vierzig Jahre lang den gleichen Job zu machen und ihren Körper auszumergeln? Damit wir uns richtig verstehen. Ich habe einen hohen Respekt vor jedem Menschen, der seiner Arbeit nachgeht und dem Staat nicht zur Last fällt. Gerade weil mir diese Menschen so wichtig sind, muss doch die Frage erlaubt sein, wie sich ihre Lebensqualität verändern lässt. Es kann doch nicht sein, dass ein Teil der Deutschen immer mehr arbeiten muss, während der andere Teil nur nimmt. Ich glaube es nicht, wenn mir ein Arbeiter sagt, er mache diese Arbeit heute noch genauso gerne wie vor zwanzig Jahren. Das glaube ich ihm einfach nicht. Wenn Sie jeden Tag Ihre Lieblingsspeise vorgesetzt bekämen, wäre es doch nur eine Frage der Zeit, bis Sie darauf keinen Appetit mehr hätten. Abwechslungen und Zuwächse machen das Leben interessanter und reicher. Besonders die Zuwächse haben es mir angetan. Ich finde es interessant, mir jeden morgen meine Umsätze anzuschauen. Hier und nur hier sehe ich, ob ich einen guten Job mache oder ob ich noch etwas ändern muss. Es sind doch gerade die Menschen, die vom Ehrgeiz getrieben werden, anders zu leben und zu handeln, als der Durchschnitt. Wenn alle Menschen in Lethargie flüchten würden, gäbe es heute weder Computer, noch Auto, noch Fernseher. Es waren immer die unbequemen Persönlichkeiten unter uns, die etwas verändert haben und nie die Menschen, die zeitlebens nur in eine Richtung marschierten. Wilhelm Busch meinte einmal: „Wer in die Fußstapfen anderer tritt, hinterlässt keine Spuren." Das Titel, Ausbildung und Persönlichkeiten nicht vor Irrtümern schützen, wissen wir spätestens seit Kaiser Wilhelm: *„Ich glaube an das Pferd. Das Auto halte ich für eine vorübergehende Modeerscheinung."*

Nachdem ich durch alle Irrungen und Wirrungen gegangen bin, war es an der Zeit, das Geschäft voranzutreiben. Was liegt da näher, als die Menschen anzusprechen, die man kennt. Das ist noch immer der einfachste Weg. Ich ließ niemanden aus. Ganz nach dem Gesetz der Zahl. Je mehr Menschen angesprochen werden, desto größer ist die Chance auf einen Abschluss. So einfach ist es und doch wollen die meisten es nicht wahrhaben. Ich ließ in meiner langen Liste niemanden aus. Von meinen Fußballkameraden, über die Trainer und Schiedsrichter, bis hin zum Klassenlehrer sprach ich wirklich jeden an. Doch niemand biss an. Bekanntermaßen braucht man für den Spott nicht zu sorgen, wenn man den Schaden hat. Man nannte mich „Avon-Tante" oder „Mr. Lagerfeld". Viele waren sich auch nicht zu schade, mir immer wieder aufs Brot zu schmieren, dass Türken keine seriösen Verkäufer seien. Spätestens in einer solchen Situation verzweifeln die meisten Menschen, schmeißen ihre Arbeit hin und verfluchen den Tag, an dem sie sich für Network-Marketing interessierten. Das aber ist der falsche Weg. In schweren Zeiten erinnerte ich mich immer wieder an ein Zitat des amerikanischen Journalisten und Sozialreformers Jacob Rijs (1849-1914):

> *„Wenn nichts mehr zu helfen scheint, schaue ich einem Steinmetz zu, der vielleicht 100mal auf seinen Stein einhämmert, ohne dass sich auch nur der geringste Spalt zeigt; doch beim 101. Schlag wird er entzweibrechen, und ich weiß, dass es nicht dieser Schlag war, der es vollbracht hat – sondern alle Schläge zusammen."*

Aus der Physik wissen wir, dass Druck Gegendruck erzeugt. Wenn man nichts verkaufen kann, hat es auch keinen Sinn, den Verkaufsdruck zu erhöhen. Der Kunde wird es merken und dann erst recht nichts kaufen. Im Verkaufsleben kommt es nie darauf an, den Druck zu erhöhen, sondern die Zahl der Schläge (siehe Steinmetz). Der Begriff Schläge steht für mich für die Anzahl der Kundenkontakte. Ich wusste, dass ich als erstes die Schlagzahl meiner Kontakte erhöhen müsste, um Erfolg zu haben. Dann war mir auch klar, dass ich mir ein dickes Fell zulegen müsste. Denn je mehr Leute ich ansprechen würde, desto mehr „Neins" müsste ich mir anhören.

Am schlimmsten war die Reaktion meines Lehrers, bei dem ich bis zuletzt die Schulbank drückte. Er lachte nur, als ich ihm von meinem Angebot erzählte und nannte mich einen alten Dummkopf, der lieber einen ordentlichen Job machen sollte, statt mit Parfum unter den Armen durch die Stadt zu tingeln. In der Schule war ich nie eine große Leuchte. Meine Noten lagen im Mittelfeld, dennoch fand ich seine Reaktion unangemessen. Doch es kam noch viel schlimmer. Beim Herausgehen rief er mir noch nach: „Ich wusste doch, du alter Pappkopp, das aus dir nichts wird." Ohne vorgreifen zu wollen - die Menschen, die mich kennen, wissen, dass ich heute zu den Spitzenverdienern mit Mercedes und Villa gehöre. Mein Lehrer dagegen sitzt noch immer in seiner kleinen bescheidenen Hütte und muss sich auch weiterhin mit den quengelnden Schülern und missmutigen Kollegen plagen, bis zum Rentenalter. That´s life. Aber dieser eine Satz, den dieser Blödmann mir nachrief, spornte mich an, es allen zu zeigen. Für viele war ich nur der kleine Türke aus einem kleinen verschlafenen Nest in Deutschland. Das war ein Handicap aber kein Schicksal.

Natürlich sah es am Anfang gar nicht so rosig aus. Schon wenige Wochen nach meinen Start bei LR zog ich aus der elterlichen Wohnung aus und leistete mir eine kleine Wohnung zur Miete. Ich war mir sicher, dass ich die monatliche Miete aufbringen konnte, obwohl ich ja noch mehrere tausend Euro Schulden hatte. Weil es aber am Anfang nicht so gut lief, wurde ich schnell eines Besseren belehrt. Ich war nämlich nicht mehr in der Lage, meine Miete zu zahlen. Deshalb stellte ich auch meinem Vermieter, der mit im selben Haus wohnte, mein Geschäft vor. Ich rechnete ihm vor, dass er mit meiner Idee sehr viel Geld verdienen kann, noch mehr, als ich ihm derzeit Schulden würde. Das hat ihn scheinbar überzeugt und so machte er mit. Das motivierte mich ungemein. Denn ich lernte, dass ich neben Ausdauer und Schlagkraft auch die Qualität meiner Kontakte im Auge haben musste. Ich machte die Erfahrung, dass eine Hausfrau auch nur neue Hausfrauen als Kontakte brachte. Auszubildende brachten Auszubildende, Arbeiter, Arbeiter und Vermieter eben weitere Vermieter, also nicht ganz unvermögende Leute. Das bedeutet natürlich nicht, dass Hausfrauen weniger qualifizierte Menschen als andere sind. Ganz bestimmt nicht. Doch Hausfrauen haben nur ein begrenztes Zeitkontingent. Selbst wenn sie möchten, könnten sie nur bedingt erfolgreich sein, wenn sie Familie, Haus und Hof nicht vernachlässigen wollen. Ich musste also nach anderen Personengruppen Ausschau halten. Das war schwierig genug. Es liegt in der Natur der Sache, dass schwache Menschen auch nur schwächere

Menschen oder sogar Versager ansprechen. Gleich und gleich gesellt sich gern, ist eine bekannte alte Volksweisheit. Es ist nämlich leichter, sich hier zu profilieren, als bei einem Menschen, der sogar noch reicher und erfolgreicher ist als ich. Ich musste mich also verändern, damit ich auch mit Menschen in Kontakt kam, die weitaus erfolgreicher waren als ich. Jeder erfolgreiche Mensch wird seine knapp bemessene Zeit nicht mit Loosern oder Menschen, die es zu nichts gebracht haben, verbringen wollen. Wenn ich einen Geschäftsmann anspreche und ihm von meinem erfolgreichen Geschäft erzähle, dann muss ich mich auch so verhalten wie ein Geschäftsmann. Ich muss so auftreten und so gekleidet sein. Denn nur dann würde ich seinen strengen Blicken gerecht werden. Wenn ich in dem Moment mit einem schmalen Lederschlips in Kombination mit einem Polo-Shirt, weißen Socken und beigen Slippern auftrete, ist das wohl kaum das richtige Outfit. Um mit erfolgreichen Menschen auszukommen, sind neben dem richtigen Auftreten zwei Dinge wichtig:

1. Sich selbst treu zu bleiben. Erfolgreiche Menschen möchten sich nicht mit Schleimer oder A....kriecher abgeben.

2. Sich als Mensch zu sehen. Erfolgreiche Menschen lieben den Umgang mit dem Menschen und nicht mit seinem Geld. Das haben sie selbst, deshalb legen sie Wert auf den Menschen hinter dem Geld.

Ich arbeitete hart an mir und legte mir natürlich die richtige Kleidung zu. Für 10 Euro kaufte ich mir ein Hemd, für 3 Euro eine Krawatte und für 50 Euro ein Sakko. So sah ich erfolgreich aus und wurde von den erfolgreichen Menschen auch als solcher behandelt. Doch für ein besseres Auto reichte das Geld noch nicht. So fuhr ich mit meinem alten klapprigen Golf für 500 Euro zu jedem Geschäftstermin. Sie können sich sicher vorstellen, wie das auf einen erfolgreichen Geschäftsmann wirkte. Ich hörte öfter als mir lieb war, warum ich denn kein besseres Auto fahren würde, wenn meine Geschäfte angeblich so gut liefen? Schlechtes Auto, schlechtes Geschäft. Gutes Geschäft, tolle Autos. So die billige Interpretation der Menschen. Daran gibt es eigentlich auch nichts auszusetzen. Ich finde es lediglich albern, dass man niemandem so richtig zugesteht, ohne Schulden ein Geschäft aufzubauen. In Deutschland wollen doch viele mehr schein als sein und legen sich teure Autos zu, die sie mit teuren Krediten finanzieren. Dümmer kann man doch wohl nicht sein. Geld auszugeben, das man noch nicht hat, ist nicht nur teuer, sondern auch gefährlich. Denn wenn man einmal seine Raten nicht bezahlen kann, wird einem alles wieder genommen. Deshalb habe ich mich in dieser Zeit lieber der Häme und Demütigungen potentieller Kunden ausgesetzt und dafür ein bezahltes Auto gefahren. Mir war es egal, was andere Leute dachten. Denn von denen gab es doch niemanden, der mir das Geld gab, um ein Auto zu bezahlen. Ich habe gelernt, im Rahmen meiner Möglichkeiten zu leben. Nicht mehr und nicht weniger. Diesen Rat möchte ich Ihnen an dieser Stelle unbedingt mitgeben. Es ist nicht wichtig, wie Sie scheinen, sondern viel wichtiger, wer Sie sind. Und mir sind Menschen lieber, die wissen, was Sie wollen und wie Sie es wollen, ohne auf Kosten anderer zu leben. Heute kenne ich viele gescheiterte Existenzen, die es genau umgekehrt versucht haben. Sie haben mit falschen Statussymbolen versucht, Eindruck zu schinden. Am Ende standen sie mit leeren Händen da. Ich wusste, dass ich hart arbeiten musste, um ein besseres und schöneres Auto fahren zu dürfen. Ich wollte weder Schulden machen, noch Kosten produzieren und schon gar nicht protzen. In dieser Situation war es für mich viel wichtiger, das LR-Konzept zu verstehen und es Schritt für Schritt umzusetzen, als durch Statussymbole zu protzen. Mein Ziel war deshalb die Position des Orgaleiters. Hier bekam man einen Opel Calibra und den wollte ich haben. Ich war mir absolut sicher, dass ich schon bald dieses Auto fahren werde. Ganz ohne Schulden!

Network-Marketing lebt vom Teamgedanken. Natürlich wird einem vieles beigebracht. Aber man muss sich auch selbst kümmern, ohne auf Weisung von oben zu warten. Als ich seinerzeit in das System von LR einstieg, zeigte mir mein Vermittler ein wenig das Geschäft. Ich verstand schnell, doch ich wollte mehr. Deshalb buchte ich immer wieder Seminare, die ich von meinem eigenen Geld bezahlte. Mir war die Ausbildung wichtig. Ich wollte lernen und mit Gleichgesinnten Erfahrungen austauschen. Selbst wenn ich ein Seminar belegte, war ich im Business-Look gekleidet. Das war mir wichtig, auch um vor mir selbst zu bestehen. Ich wollte erfolgreich sein und als solches wirken. Ich hasste die Menschen, die mit ausgewaschenen Jeans, ungepflegt und ungeschminkt in den Seminaren saßen. Man darf nie vergessen, dass ein Selbstständiger zunächst sein eigenes Produkt ist. Jeder Gesprächspartner trifft zunächst auf Sie und erst dann auf das Produkt. Je seriöser man sich gibt, desto besser kann man sich vermarkten. Sie würden doch auch keine faulen Tomaten kaufen oder alte abgegriffene Verpackungen. Deshalb gibt die Markenindustrie sehr viel Geld aus, damit die Kunden ihre Produkte kaufen. Je peppiger und bunter die Verpackung, desto eher greifen die Kunden danach. Die Kleidung eines Verkäufers ist seine Verpackung. Je perfekter und makelloser sie sitzt, desto eher nimmt man den Menschen war.

Der Duft des Erfolgs

Ich, der Networker

Wenn Sie mich fragen würden, was für mich der größte Horror ist, werden Sie immer wieder die gleiche Antwort erhalten: Morgens um fünf Uhr aufstehen und um 6 Uhr mit der Arbeit beginnen. Ich bin ein fleißiger Mensch, doch so früh aufstehen, liegt mir nicht. Insofern habe ich mit meiner neuen Arbeit als Networker ideale Voraussetzungen. Mein Geschäft findet nicht in den frühen Morgenstunden statt, sondern am frühen Nachmittag. Der Grund dafür liegt auf der Hand. Die meisten Menschen arbeiten von morgens bis zum späten Nachmittag. Erst wenn sie nach Hause kommen, haben sie Zeit für andere Dinge. Deshalb ging für mich täglich ab 16.00 Uhr meine Arbeit erst richtig los. Ich war ausgeschlafen und sprichwörtlich fit wie ein Turnschuh, um meine Kunden nun zu besuchen.

Das war nicht immer so. Wie ich eingangs schon erwähnte, wurde ich ja an meinem Arbeitsplatz für diesen neuen Job bei LR rekrutiert. Auch hier habe ich natürlich nichts unversucht gelassen und während der Arbeitszeiten jeden Menschen angesprochen. Für mich ist jeder Mensch ein potentieller Kunde. Deshalb hatte ich auch immer genügend Tester in meinem Spind gehabt. Jederzeit griffbereit. Das halte ich für ganz wichtig. Ich habe oft den Eindruck, dass bei vielen Menschen das Kurzzeitgedächtnis die Überhand ergreift. Was man heute gehört hat, ist schon morgen wieder vergessen. Deshalb reicht das Ansprechen allein nicht, man muss überzeugen und das ist noch immer am einfachsten durch das Produkt. Deshalb legte ich mir einen ordentlichen Vorrat an Testern zu. Meine Bestellung gab ich dann dem Pförtner, der alles weitere für mich erledigte. In den Arbeitspausen saß ich dann nicht wie die meisten Kollegen bei Kaffee und Zigarette. Ich nutzte die Zeit, um die verkauften Artikel an meine Kollegen und Kunden auszuliefern.

Es liegt in der Natur des Network-Marketings, dass man zunächst Freunde, Bekannte und Verwandte anspricht, um sie für das System zu begeistern. Das ist grundsätzlich in Ordnung. Allerdings sollte man hier sehr vorsichtig sein und sich immer wieder fragen, wie man

Der Duft des Erfolgs

die „Neins" aus dem Verwandtenkreis verarbeitet. Wenn Ihnen eine fremde Person ein „Nein" entgegenschleudert, kann es sein, dass Sie damit besser umgehen können, als mit dem „Nein" eines bekannten Menschen. Viele Menschen legen diese Antwort auch als Ablehnung ihrer Person aus und das ist falsch. Nur weil ein Verwandter das Produkt nicht kaufen möchte, ist weder selbiges noch der Mensch dahinter schlecht. Auch ich habe natürlich in den ersten Jahren meinen gesamten Bekanntenkreis bearbeitet, doch der richtige große Erfolg blieb aus. Erst als ich den Mut hatte, in eine andere Stadt zu gehen, ging richtig die Post ab. Bis dahin hatte ich in meinem Heimatort, eine kleine Gemeinde im äußersten Westen Deutschlands, zwei große Bestände aufgebaut (21%er Linie). Bei LR wird eine 21%er Linie erreicht durch einen monatlichen Einkaufsumsatz von 7.000 Euro oder durch 14.000 Punkte. Mit jedem Verkauf werden produktbezogene Punkte gutgeschrieben. Je mehr verkauft wird, desto mehr Punkte werden dem Konto gutschrieben. Ab 14.000 Punkte steht die 21%er Linie.

Drei Jahre nach meinem Start bei LR hielt ich in einem Hotel eine Tagung ab. Dort lief mir dann eine sehr sympathische Frau über den Weg, die in dieser Stadt als Model arbeitete. Wir lernten uns näher kennen und wurden schon bald ein Paar. Ich zog zu ihr ins rund 300 Kilometer entfernte Göttingen. Nun saß ich hier. Fast allein in einer fremden Stadt, ohne Freunde und Bekannte und natürlich auch ohne Kontakte. Das ist für einen echten Networker eine Katastrophe. Ich bin in diese Stadt augenscheinlich der Freundin wegen gezogen. Andererseits betrachtete ich diese Entwicklung eher als eine wunderbare Fügung. Denn meine Bestände in meiner Heimat und Umgebung liefen gut und ich hatte alles ausgereizt. Nun stand ich, wie ein kleiner Schuljunge am ersten Schultag, in einer mir bis dahin fremden Stadt, die es zu erobern galt. Das war mein Ziel. Natürlich war ich sehr skeptisch, ob dieses Unternehmen gelingen würde, aber ich wollte nichts unversucht lassen. Nur dann, wenn ich etwas ausprobiert habe, weiß ich, ob etwas funktioniert oder nicht. Alles andere ist blinde Theorie und daher nicht hilfreich. Zeit hatte ich genug, weil meine Freundin ihrer eigenen Arbeit nachging. Ich zog also los und sprach jeden Menschen an, der mir irgendwie über den Weg lief.

Der Duft des Erfolgs

So landete ich dann in einer Spielothek, wo ich auf Dirk Wallert traf. Wir kamen ins Gespräch und letztlich ins Geschäft. Sie sehen, in diesem Geschäft kommt es einzig darauf an den Mut zu haben, andere Menschen ohne Vorbehalte anzusprechen. Der Ort und die Umgebung sind dabei fast egal. Jeder Mensch ist ein potentieller Partner und machen wir uns nichts vor: Die meisten Menschen mögen Geld. Es gilt nun, diese Menschen zu finden, die bereit sind, dafür etwas zu tun. Leider laufen die potentiellen Geschäftspartner nicht mit einem Schild vor dem Kopf herum, mit der Botschaft, sie anzusprechen. Es gilt auch hier das Gesetz der Zahl. Je mehr Menschen Sie ansprechen, desto größer ist die Chance, den richtigen oder die richtige zu finden. Ich glaube, dass viele Menschen um diese Dinge wissen, aber einfach nicht den Mut haben, fremde Menschen anzusprechen. Warum nicht? Weil sie Angst haben! Ja, genau. Diese Menschen haben einfach Angst, abgewiesen zu werden. Es ist wie die erste heimliche Liebe. Auch hier mögen die wenigsten die Liebe ihres Herzens ansprechen, aus Angst abgewiesen zu werden und damit wäre auf Dauer jede Form der Beziehung zerstört. Dabei ist es doch ganz einfach. Wenn Sie auch zu diesen Menschen gehören, sollten Sie sich fragen, was denn im schlimmsten Fall passieren könnte? Ich habe tausende von Menschen kennen gelernt und Gespräche mit ihnen geführt. Die Menschen aber, die nicht mit mir ins Gespräch kommen wollten, haben dieses klar und deutlich gesagt. Sie antworteten mit einem entschiedenen: „Nein!" Das war und ist alles! Sie haben mich weder geschlagen, noch beschimpft oder bespuckt. Ich möchte es noch einmal wiederholen. Sie antworteten mit einem klaren und entschiedenen „Nein!" Meine Frage an Sie, die Sie sich ehrlich beantworten sollten: „Haben Sie vor diesem Wort eine solch große Angst, dass Sie es erst gar nicht versuchen, mit den Menschen ins Gespräch zu kommen?" Ich kann verstehen, dass die ersten drei „Neins" die schlimmsten in Ihrem Leben sein mögen. Aber danach sollte das eigentlich alles vergessen sein. Denken Sie bitte immer daran, dass Sie bei einem „Nein" wissen, dass dieser Kunde nichts von Ihnen will. Danach haben Sie wieder Zeit, sich um einen neuen Kunden zu kümmern. Insofern bringt Sie jedes „Nein" einen „Ja-Kunden" näher.

Der Duft des Erfolgs

Kontakte garantieren Einkommen

Sprechen Sie jeden Menschen an. Dabei sollten Sie grundsätzlich keine Unterschiede machen, denn hinter jedem Menschen stehen weitere Menschen, die man kennt. Ich nenne es das Trauben-Prinzip, weil über der untersten Traube weitere Trauben folgen:

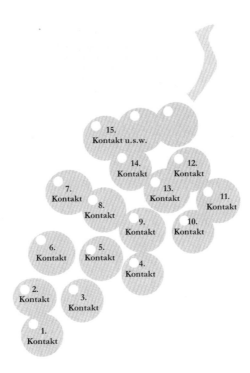

Sie sehen, wenn Sie den ersten potentiellen Kunden nicht ansprechen, verlieren Sie nicht nur einen Kontakt, sondern Dutzende. Deshalb ist es so wichtig, dass man zu jeder Zeit jeden anspricht.

Aus dem Nichts heraus dauerhaften Umsatz aufzubauen, ist Ansporn und Belohnung für mich. Berater ohne Scheu vor Fremdkontakten können mir nacheifern. Ich werde sie unterstützen, wo immer

Der Duft des Erfolgs

ich kann und es wird mich nicht im Geringsten stören, wenn einer meiner „Schüler" eines Tages mehr verdient als ich. Dann haben wir beide einen guten Job gemacht und bewiesen, dass Network-Marketing nichts anderes ist als konzentriertes und effektives Arbeiten, daher auch der Begriff Network. Wäre es ein Spiel, hieße es Netgame oder Netshow und es gäbe nur einen Gewinner, alle anderen wären Verlierer. Aber Network macht aus allen Menschen Gewinner, wenn sie tatkräftig anpacken und arbeiten. Network-Marketing ist nun einmal ein Geschäft, das nur mit hohem persönlichem Engagement und persönlichem Kontakt richtig super funktioniert. Deshalb merke: *„Aus dem Nichts heraus einen dauerhaften Umsatz aufzubauen, das ist Ansporn und Belohnung für Berater ohne Scheu vor Fremdkontakten."* Leider habe ich auch Menschen kennen gelernt, die wollten mit mir spielen. Sie verstanden Network als Netgame. Ganz nach dem Motto: „Wasch mir den Pelz, aber mach mich nicht nass." Damit meine ich, dass diese Menschen Network nur mal so ausprobieren wollten, aber nie ganz ernsthaft bei der Sache waren. Sie hatten Ihren Hauptjob und betrachteten Network eher als Spiel und weniger als Arbeit. Mit dieser Einstellung aber wird es nichts. Nur wenn Sie leidenschaftlich brennen, können Sie den Erfolg bei sich und anderen entzünden. Dann erst sind Sie ein Star und jedermann will von Ihnen wissen, wie Sie es geschafft haben, ganz nach oben zu kommen. Was dann passiert, kann man sich mitunter in den schönsten Träumen nicht vorstellen. Ich wusste immer, dass ich Erfolg haben werde, aber eines Tages auf der Titelseite eines Magazins zu stehen, übertraf alle meine Erwartungen um ein Vielfaches, aber es zeigt, dass nichts unmöglich ist.

Obwohl ich ja nun primär in Göttingen zu tun hatte, ergab sich ein Kontakt nach Kassel, und so machte ich mich auf den Weg, diesen potentiellen Kunden zu besuchen. Ich fuhr mit meinem alten Golf nach Kassel, wo ich aber nicht ankommen sollte. Denn auf halbem Weg überhitzte sich der altersschwache Motor und die Motorhaube knallte nach oben. Ich fuhr den Wagen auf den Randstreifen und wusste, damit würde ich es nicht mehr bis nach Kassel schaffen können. Es gab auch keine andere Möglichkeit, von hier aus noch irgendwie nach Kassel zu kommen. Denn ich hätte den Golf ja auf der Autobahn stehen lassen müssen, was ja allein schon aus gesetzlichen Gründen verboten ist. Jetzt stand ich also mit einem defekten Auto auf der Autobahn. Nicht nur, dass ich einen wichtigen Geschäftstermin platzen lassen musste. Nein, zu allem Unglück brauchte ich noch einen neuen Wagen und überhaupt, der ganze Stress mit Abschleppen und Heimreise nach Göttingen ging mir gegen den Strich. Doch es half alles nichts. Ich erinnerte mich an die Worte von Winston Churchill der immer wieder sagte: „Gib nie, nie, nie auf." Und das wollte ich auch nicht. Im selben Moment, wie ich mich dieser Worte erinnerte, hielt ein Auto auf dem Pannenstreifen und ein junger Mann stieg aus und fragte, ob er helfen könne. Er schaffte das Unmögliche und brachte den Wagen wieder zum Laufen. Die Motorhaube wurde provisorisch gerichtet und ich konnte meinen Weg nach Hause antreten. Doch vorher bedankte ich mich bei meinem Pannenhelfer und sagte: „Sie haben mir sehr geholfen. Ich würde mich gern erkenntlich zeigen und auch Ihnen helfen, indem ich Ihnen ein interessantes Geschäft vorstellen möchte." Er war nicht abgeneigt. Dann erzählte ich ihm von LR und zu meiner Verwunderung sagte er mir, dass er das Unternehmen bereits kenne und die Produkte auch gern benütze. Er sei Kunde des Unternehmens. Von der Möglichkeit, mit LR Geld zu verdienen, wüsste er allerdings nichts. Das überraschte mich. Denn wie kann ein erfolgreicher Berater seinem Kunden, der gern die Produkte nutzt, nicht von den Möglichkeiten erzählen, mit LR Geld zu verdienen? Für mich ist es natürlich ideal, jemanden zu finden, der die Produkte gern selbst anwendet. Eine bessere Werbung gibt es ja wohl kaum. Insofern war es dann auch ein leichtes, mit dem jungen Mann einen Geschäftstermin zu vereinbaren. Ich bat ihn, er möge einige Leute zu sich nach Hause einladen. Zu diesem Sponsorabend würde ich dann dazu kommen und das Geschäft vorstellen. Bekanntlich ist aufgeschoben gleich aufgehoben und meine Devise ist immer, es jetzt und sofort zu tun und nicht lange aufzuschieben. Deshalb vereinbarte ich mit ihm einen Termin in drei Tagen. In dieser Zeit sollte er möglichst viele Leute ansprechen. Der Abend wurde ein voller Erfolg. Unter anderem gewann ich einen Polizeibeamten für dieses Geschäft. Wir verfuhren nach demselben Prinzip. Auch er sollte sich einige Leute ins Wohnzimmer einladen und auch hier würde ich dazukommen, um das Geschäft vorzustellen. Diesem Abend folgten weitere interessante Abende mit vielen tollen Kontakten.

Sie sehen, selbst ausweglose Situationen sind nie so schlimm, als dass man nichts daraus machen könnte. Wichtig ist nur, dass man immer auf der Hut ist und sich nie unterkriegen lässt. Jede Krise bietet letztlich immer die Chance für einen neuen Anfang. Das Wort Krise stammt übrigens aus dem griechischen und heißt übersetzt Wende. Und ist es nicht immer so? Immer dann, wenn wir glauben, dass wir am Ende sind, wendet sich in dieser Krise die Situation zum besseren. Das war schon immer so und es wird auch immer so bleiben. Das wusste auch der große italienische Industrielle Giovanni Agnelli und Präsident der FIAT-Autowerke. Er betonte mehr als einmal: *„Jede Katastrophe wird von einem Lichtblick begleitet."* Lassen Sie mich an einem weiteren Beispiel aufzeigen, wie wichtig es ist, jede Situation entschlossen anzugehen und keine Vogel-Strauß Politik zu betreiben. Viele Menschen neigen dazu, den Kopf in den Sand zu stecken, weil sie Angst vor der Wahrheit haben. Doch wer heute seinen Kopf in den Sand steckt, wird morgen mit den Zähnen knirschen.

Der besagte Polizeibeamte rief mich eines Tages an und sagte mir, er hätte ein Pärchen, die sich für das Geschäft interessieren. Sie kannten LR, weil sie die Produkte anwendeten. Von den Möglichkeiten, mit LR auch Geld zu verdienen, wussten sie bisher nichts. Erst durch das Gespräch mit dem Polizisten wurden sie auf diese Möglichkeit aufmerksam. Es kam zu einem Treffen und ich erklärte den beiden das Geschäft, die Philosophie und die Verdienstmöglichkeiten. Zunächst waren sie auch begeistert und sie versprachen, zu einem weiteren Seminar zu kommen. Einige Tage vor dem Seminar sagten die beiden ab, weil sie es sich anders überlegt hätten. Ich glaube, diese Situation kennt jeder, der einmal Geld ausgeben will bzw. ausgeben muss. Wie oft haben auch Sie sich dabei ertappt, nachdem Sie eine Hose gekauft haben, ob diese Entscheidung richtig gewesen ist? Es liegt in der Natur der Menschen, immer noch über das längst vergangene und geschehene möglichst lange zu grübeln. Kein Wunder, dass sich immer mehr Menschen sorgen und ängstigen. Einfach, weil Sie nicht mit der Vergangenheit brechen können und keine Vision für das Morgen haben. Der am besten bezahlte Sportler, Michael Jordan, US-amerikanischer Basketball-Star sagte einmal: *„Angst ist Einbildung. Man glaubt, etwas stünde im Weg, was in Wirklichkeit gar nicht existiert. Was jedoch besteht, ist die Chance, seine Fähigkeiten so gut wie möglich einzusetzen und auch mit Erfolg. Wer vor einer Wand steht, darf nicht kehrtmachen und aufgeben, sondern muss sich überlegen, wie er sie am besten hochklettern, durch sie hindurch, oder um sie herum gehen könnte."* Die Reaktion des Pärchens war also zunächst einmal völlig normal. Wie es weitergeht, hängt nicht nur von der Entscheidung des einzelnen ab. Manche Menschen müssen förmlich zu ihrem Glück gezwungen werden. So auch in diesem Fall. Ich rief die beiden an und teilte ihnen mit, dass ich ihre Entscheidung in jedem Fall respektieren werde. Doch bevor sie denn nun wirklich endgültig eine Topchance aufgaben, bat ich sie, auf dieses Seminar zu kommen. Sie kamen und wurden LR-Partner. Der Name des Teams ist heute jedem LR-Berater ein Begriff: Zinkel Paulsen. Hier sehen Sie die beiden, wie sie einen Scheck in sechsstelliger Höhe von LR entgegen nehmen.

Ulrike Paulsen & Jürgen Zinkel

Der Duft des Erfolgs

Und, wer hatte nun sprichwörtlich Glück? Die beiden haben hart und gut gearbeitet, das hat nichts mit Glück zu tun. Vielleicht aber hatten sie doch ein wenig Glück, weil sie in mir einen Sponsor hatten, der sie im entscheidenden Moment nicht im Stich ließ und richtig förderte. Mir wird und wurde immer wieder vorgeworfen, dass mir wirklich alles von allein zufällt. Meine bisherigen Aufzeichnungen belegen aber eher das Gegenteil. Auch ich wurde als ganz normaler Mensch geboren und habe mich stetig nach vorne gearbeitet. Ich bin Deutsch-Türke und ich glaube, dass ich aus beiden Kulturen etwas in mir trage. Von den Deutschen den Fleiß und die Zuverlässigkeit und von den Türken das südländische Temperament und die Leidenschaft. Ich gebe zu, dass ich mich deshalb ein wenig vom Durchschnitt unterscheide. Aber nicht nur deshalb, sondern auch, weil ich in scheinbar ausweglosen Situationen angemessen und besonnen reagiere. Im Fall Zinkel Paulsen war es ebenso wenig Glück, als viel mehr Beharrlichkeit, genau das Richtige zur richtigen Zeit zu tun. Darauf kommt es an und ich behaupte, dass jeder Mensch diese Fähigkeit dazu in sich trägt. Bedenken Sie bitte, dass auch dieser Kontakt schlussendlich darauf zurückzuführen war, weil ich in einer schwierigen Situation (defektes Auto) den Mut hatte, meinen „Pannenhelfer" auf eine Geschäftsvorstellung einzuladen. Der brachte mir weitere Kontakte, die letztlich zu Zinkel Paulsen führten.

Diese Entwicklung ist kein Einzelfall. Erinnern Sie sich bitte, was ich getan habe, als ich das erste Mal nach Göttingen kam. Ich habe hier fremde Menschen angesprochen, unter anderem Dirk Wallert. Über ihn kam es dann zu einem Kontakt nach Hamburg zu dem heutigen Team Holland-Nell, Platin-Orgaleiter und qualifiziert zum Vize-Präsident mit fünfzehn 21%er Linien. Durch Fleiß, Ausdauer und Ehrgeiz haben die beiden es geschafft. Sie arbeiten inzwischen als LR-Hauptberufler. Ihr 2. Haus ist längst bezahlt, zwei Autos der Oberklasse stehen auf dem Hof. Auch sie hatten keine Ahnung vom Vertrieb und schon gar keine Ahnung von Kosmetik und Parfum, als sie den LR-Beraterantrag unterschrieben. Wie auch? Als Flugzeugbauer und Serviererin kamen sie aus einer völlig anderen Richtung. Doch sie besuchten Schulungen und Seminare. Sie trafen Menschen, die das LR-Geschäft schon erfolgreich betrieben und lernten

Der Duft des Erfolgs

von ihnen. Sie erkannten schnell, dass Sie das Rad nicht neu erfinden, sondern die Dinge einfach nur regelmäßig wiederholen müssen, um Erfolg zu haben.

Ich finde es einfach wunderbar anzusehen, wie Menschen, die ich für LR gewinnen konnte, Erfolg haben. Es macht mir Spaß, solche Fotos anzuschauen, weil sie beweisen, dass jeder Mensch erfolgreich sein kann. Vorausgesetzt, er tut etwas dafür. Es ist schon so wie der legendäre Erfinder und Gründer der erfolgreichsten Aktiengesellschaft der Welt, General Electric, Thomas Alva Edison sagte: „Erfolg hat nur, wer etwas tut, während er auf den Erfolg wartet." Er sagte aber auch: *„Ich bin ein guter Schwamm, denn ich sauge Ideen auf und mache sie dann nutzbar. Die meisten meiner Ideen gehörten ursprünglich anderen Leuten, die sich nicht die Mühe gemacht haben, sie weiterzuentwickeln."* Wenn auch Sie Erfolg haben wollen, sollten auch Sie wie ein Schwamm alles aufsaugen, was Sie in Richtung Wohlstand bringen kann. Im Network-Marketing werden Sie die Menschen finden, die bereit sind, Ihnen das notwendige Wissen zu vermitteln.

Network-Marketing ist deshalb so wunderbar und erfolgreich, weil jeder Mensch die Möglichkeit hat, mit viel Engagement viel Geld zu verdienen, ohne andere zu schädigen. So auch Martin Yandimoglu, der 1991 zu LR kam. Er ist ausgebildeter Kfz-Mechaniker und startete zunächst nebenberuflich. Er wurde seinerzeit von einem LR-Berater angesprochen, ob er neben seinem Gehalt noch etwas dazuverdienen möchte. Yandimoglu war vom LR Konzept und den Pro-

Der Duft des Erfolgs

dukten so begeistert, dass er sofort einstieg. Nach nur zwei Monaten hatte er bereits die 21%er Stufe erreicht. Nach zwölf Monaten und noch immer nebenberuflich, war er bereits Organisationsleiter. Bereits nach drei Jahren hielt er seinen ersten Bonusscheck über 5.000 Euro in den Händen. Ein beachtlicher Erfolg und dennoch steckte in ihm noch weit mehr Potential. Allerdings versuchte er zunächst, ohne ständigen Dialog mit seinem Orgaleiter, seinen eigenen Weg zu gehen. Mit seinem sprichwörtlich eigenen Kopf schaffte er einiges. Doch ich hatte an anderer Stelle mehrfach ausgeführt, dass Network-Marketing das Rad nicht neu erfunden hat. Wichtig ist, dass der eine vom anderen lernen kann und soll. Wer diese Hilfe annimmt, schafft es noch schneller und besser. So kam Yandimoglu letztlich 1996 in meine Struktur, wo es in der Folge dann zu einer sehr intensiven und erfolgreichen Zusammenarbeit kam. Mittlerweile ist er Platin-Organisationsleiter. Als sein erster LR Mercedes vor der Haustür stand, verstummten auch die letzten Zweifler und so genannte Freunde. Denn der Erfolg, den viele nicht für möglich hielten, war nun erst Recht sichtbar geworden. Für Martin Yandimoglu ist nicht so wichtig, ob man über ein besseres Wissen oder über einflussreiche Beziehungen verfügt. Für ihn ist allein die Einstellung zum Leben entscheidend. Den wahren Unterschied zwischen einem erfolgreichen und erfolglosen Menschen sieht Yandimoglu in der Geisteshaltung.

Sein Motto lautet: „Warte nicht auf den Erfolg, sondern bemühe dich aktiv darum, das ist die Einstellung der Sieger."

Erfolg macht Spaß und auch süchtig

Ich hätte mich auf Grund meiner zahlreichen Erfolge bequem zurücklehnen und die Früchte meiner Arbeit genießen können. Doch das entspricht irgendwie nicht meinem Naturell. Ich wollte unterwegs sein, mit anderen Menschen kommunizieren und Geschäfte machen. Ich liebe die Herausforderungen und hasse die Routine. Leider bleibt das auch nicht ohne Folgen für die Partnerschaft. Ich hatte einen Full-Time Job und war abends nur noch geschäftlich unterwegs, während meine Freundin, die ich sehr mochte, die Abende alleine verbrachte. Meine Partnerin träumte von einem Leben an meiner Seite, war aber nicht bereit, den hohen Preis der Enthaltsamkeit dafür zu bezahlen. Ich wollte ihr nicht wehtun und so entschieden wir uns, diese Partnerschaft im gegenseitigen Einvernehmen zu beenden. Das war ein harter und schmerzlicher Schnitt für mich. Ich wollte, wie ich schon mehrfach sagte, die nächsten Jahre ranklotzen, um mir meine finanzielle Unabhängigkeit zu sichern. Deshalb musste ich schwere Opfer bringen. Um diese Entscheidung besser verarbeiten zu können, entschied ich mich, Göttingen zu verlassen, während sie in der Stadt blieb. Ich nahm einen Atlas und guckte mir verschiedene Städte an. Einem guten Gefühl folgend stieß ich mit dem Finger auf Pforzheim und entschied mich spontan für diese Stadt. Das mag viele Außenstehende überraschen. Aber nach Hamburg, Berlin oder München umzuziehen, Weltstädte, die jeder kennt, dass wäre zu einfach gewesen. Ich wollte lieber eine Stadt finden, die zwar auch ein entsprechendes Standing hatte, doch nicht in der Liga der Top Ten mitspielte. Ich packte meine Sachen und räumte selbige in den Umzugswagen. Nur wenige Tage später stand ich mit meinem gesamten Hab und Gut in einem kleinen Vorort der Schmuckstadt Pforzheim. Das war schon ein bitteres Gefühl. Ich verlor meine Freundin, baute meine Zelte in einer Stadt ab, die es eigentlich gut mit mir meinte, und verlor noch die Freunde, die allesamt in dieser Stadt zurückblieben. Doch Augen zu und durch sagte ich mir und so mietete ich erst einmal eine kleine Ein-Zimmerwohnung. Nachdem alle Sachen verstaut waren, was angesichts des bescheidenen Hausstandes kein allzu großes Problem war, kam die Einsamkeit, Lang-

Der Duft des Erfolgs

weile sowie der Ehrgeiz, Geld zu verdienen. In dieser Situation ist es besonders wichtig, sich nicht zu sehr einzuigeln. Für das Selbstwertgefühl ist es besonders wichtig, trotz dieser Probleme unter die Leute zu gehen. Darüber hinaus besteht die Gefahr, in eine Art Lethargie zu verfallen. Das passiert schnell, wenn man morgens in einem kuscheligen Bett aufwacht und sich lieber noch einmal mehr umdrehen möchte, statt aufzustehen. Auch ich war davor nicht geschützt. Also entschied ich mich, kein Bett zu kaufen, sondern eine unbequeme Couch, auf der ich fortan die Tage wie Nächte zubrachte. Letztere waren eine Tortour. Ich habe keine Nacht wirklich gut geschlafen und war daher sehr froh, morgens aufstehen zu dürfen, um sprichwörtlich meine Knochen wieder zu sortieren. Ich hatte natürlich auch auf Rollos vor den Fenstern verzichtet. Das Tageslicht sollte ungehindert meine bescheidene Wohnung erhellen. So stellte ich gleichzeitig sicher, gewissermaßen mit dem ersten Sonnenstrahl aufstehen zu müssen. Ganz im Sinne eines alten türkischen Sprichwortes: *„Wer früh aufsteht, wird reich."* Ich nutzte die Zeit in den frühen Morgenstunden für meine tägliche Büroarbeit und für Telefonate. Nachmittags war ich wieder unterwegs, um neue Kontakte zu schließen. Ich hielt mich überall dort auf, wo Menschen waren: Tankstellen, Kaufhäuser, Bäckereien und Restaurants. Natürlich war ich immer sauber und adrett gekleidet. Die äußere Erscheinung ist in unserem Beruf das A & O. Man kann weder erfolgreich wirken noch erfolgreich sein, wenn man in den letzten Klamotten daherkommt. Ich trage daher den ganzen Tag über einen Anzug und Schlips. Dieses auftreten hat mir viele interessante Kontakte gebracht. Als ich wieder einmal in dem kleinen Postamt bei mir um die Ecke stand, um Briefe aufzugeben, sprach mich ein freundlicher Herr an. Er meinte, dass ich aufgrund meiner Kleidung wohl immer an einem spannenden Geschäft interessiert sein müsste. Ich nickte. Dieser Herr erzählte etwas von einem neuen Produkt und einer neuen Geschäftsidee, die in Mannheim vorgestellt wird. Ich sollte mit ihm dorthin fahren, um näheres zu erfahren. Natürlich willigte ich ein, weil mich alles Neue interessiert. Allerdings war ich sehr überrascht, weil diese Veranstaltung nicht im kleinen Kreis stattfand, wie ich annahm. Vielmehr handelte es sich hier um eine Großveranstaltung mit mehr als 1000 Gästen. Ich nutzte natürlich die Gunst der Stunde

Der Duft des Erfolgs

und trennte mich für den Augenblick von meinem „Partner", um in diesem Wust von Menschen weitere Kontakte zu knüpfen. Ich entdeckte einen großen Tisch, an dem noch ein Platz frei war. Ich setzte mich dorthin und kam mit den Leuten ins Gespräch, so auch mit Andreas Lücking. Er war an einem interessanten Geschäft interessiert, deshalb nahm er an dieser Veranstaltung teil. Ich erklärte ihm, dass auch ich ein Geschäft habe, welches ich ihm gerne vorstellen würde. Wir tauschten unsere Adressen aus und in der Folge stellte ich ihm mein Geschäft vor. Er zögerte, aber ich sagte bereits an anderer Stelle, dass man die Menschen oft einfach zu ihrem Glück zwingen muss. Nach anfänglicher Skepsis trat Andreas Lücking LR bei und ist heute erfolgreicher Orga-Leiter.

Natürlich blieb es nicht bei diesem einen Kontakt im Großraum Pforzheim. Es folgten zahlreiche weitere Gespräche. Einem LR-Berater zeigte ich, wie er am besten auf Menschen zugeht, um einen Vorstellungstermin zu bekommen. Es dauerte nicht lange, und er hatte mit dieser Methode großen Erfolg. Vor einer Diskothek sprach er unter anderem Patrick König an und erzählte mir davon. Ich rief dann nachts um 23.00 Uhr Herrn König an und stellte mich ihm kurz vor. Er war sehr überrascht, dass ein Platin-Orgaleiter, in der Position befand ich mich zu dieser Zeit, persönlich bei ihm anrief und dass auch noch zu einer Zeit, wo die meisten Menschen ihre

Der Duft des Erfolgs

Beine hochlegten und die fünfte Flasche Bier vor dem Fernseher verklappten. Wir trafen uns, vertieften unsere Gespräche und vereinbarten eine Zusammenarbeit. Heute gehören Patrick und Anja König zum Team erfolgreicher LR-Berater und sind inzwischen Vize-Präsident:

Viele mögen mich an dieser Stelle für verrückt halten, aber nachdem ich in Pforzheim wieder zwei 21%er Linien aufgebaut hatte, wollte ich die nächste Stadt in Angriff nehmen. Es war mir schon immer egal, was die Leute über mich denken. Ich mache einen guten Job und habe einen gepflegten Umgang mit allen Menschen. Ich habe mir nichts vorzuwerfen und dennoch glauben einige Menschen, bei mir würde es nicht mit rechten Dingen zugehen. Glauben Sie mir, ich hätte viel zu tun, würde ich immer darüber nachdenken, was andere Leute über mich denken. Was meinen Sie, wie oft hinter vorgehaltener Hand gemunkelt wird, dass ein Türke, der in Deutschland lebt, eine Villa sein eigen nennt und mehrere Autos der gehobenen Oberklasse fährt, nicht auf legalem Wege reich werden kann. Ich sehe es ihnen nach, denn sie wissen es nicht besser. Ich denke mir meinen Teil und weiß:

„Mitleid bekommt man geschenkt, Neid muss man sich erarbeiten."

———————————————————————————— Der Duft des Erfolgs

Mein Ziel ist es, mindestens 100 direkte 21%er Linien aufzubauen. Ich weiß, dass ich dieses ehrgeizige Ziel aus zwei Gründen erreichen werde:

1. eine gehörige Portion Selbstvertrauen
2. einen außergewöhnlichen Partner an meiner Seite, LR

Natürlich haben die Götter vor den Erfolg den Schweiß gesetzt und mir ist klar, dass außergewöhnliche Ziele außergewöhnliche Anstrengungen erfordern. Deshalb bin ich bereit, mich jeden Morgen den neuen Herausforderungen zu stellen und nicht aus Bequemlichkeit in einer Stadt sesshaft zu werden. Ich blieb zwar im Süden des Landes, entschied mich aber nun für eine andere Stadt, nämlich Ulm. Inzwischen hatte ich ja schon ein wenig Erfahrung im Umziehen und so war es dann auch kein großes Problem mehr, meinen gesamten Hausstand in den LKW zu packen und innerhalb weniger Tage umzuziehen. In Ulm wiederholte ich natürlich das gleiche Ritual. Kleine Wohnung, Couch mit integriertem Bett, keine Rollos, etc. Ich wollte keine Zeit verlieren und ging sofort in die Stadt und baute meine Geschäfte auf. Mein Ziel verlor ich dabei nie aus den Augen, in jeder Stadt mindestens zwei 21%er Linien aufzubauen. Sobald dieses Ergebnis erreicht war, zog ich in die nächste Stadt. Deshalb konnte ich vorher auch nie sagen, wie lange es mich an einem bestimmten Ort hielt. Je erfolgreicher ich war, desto eher zog ich wieder davon, um in einer anderen Stadt ein neues Geschäft aufzubauen. Im Schnitt hielt ich mich rund ein Jahr auf und wechselte insgesamt zwölfmal die Stadt. So ging es von Ulm nach München und von München nach Augsburg. Ich konzentrierte mich dabei in erster Linie auf Städte mittlerer Größe, die einen ländlichen Einzugsbereich hatten und gleichzeitig doch irgendwie in der Nähe großer Metropolen lagen. Nach rund einem Jahr hatte ich in diesen Städten den Network-Marketing-Virus gestreut, der dann in der Lage war, sich selber zu verbreiten. Deshalb konnte ich mir die nächste Stadt aussuchen und hier von neuem anfangen. Durch diese Arbeitsweise gibt es mittlerweile in ganz Europa Dogan-Strukturen. Der Jahresumsatz aller Strukturen liegt mittlerweile bei etwa 55 Millionen Euro. Mit Stolz erfüllt es mich, dass hiervon rund 54 Millionen Euro allein aus Fremdkontakten kommen.

Dann sagte ich mir, was in einem Land möglich ist, sollte in einem anderen Land erst recht möglich sein. Was lag da näher, als es einfach einmal auszuprobieren. Bekanntlich sind alle Dinge schwer, bevor sie leicht werden. Deshalb ging ich in ein fremdes Land, nach Italien. Ich sprach nicht ein Wort italienisch. Also suchte ich zunächst einen Dolmetscher, der mir die wichtigsten Wörter lehrte. Natürlich war es nicht möglich, in so kurzer Zeit fließend italienisch zu sprechen. Ich war froh, überhaupt einige Sätze bilden zu können. Als erstes bat ich den Dolmetscher mir zwei wichtige Sätze ins italienische zu übersetzen:

    1. Was machen Sie beruflich?
    2. Haben Sie Lust, Geld zu verdienen?

Das reichte mir für den Anfang. Sobald ein Italiener mit einem klaren Si antwortete, holte ich Block und Stift heraus und notierte mir seinen Namen. Teilweise übergab ich auch schon mal einige LR Unterlagen in italienischer Sprache. Mit einem vollen Adressenblock wandte ich mich an den Dolmetscher, weil wir gemeinsam einige Veranstaltungen durchführen wollten. Zunächst lief alles auch ganz gut an. Es stellte sich heraus, dass der Dolmetscher sogar noch einige Leute kannte, die für dieses Geschäft in Frage kommen würden. Mein Ziel war es, Kontakte zu knüpfen und über italienische Berater

Der Duft des Erfolgs

das Geschäft aufzubauen. Doch ich wurde enttäuscht. Ich stellte fest, dass man die Menschen wirklich nur erreichen kann, wenn man deren Sprache spricht. Im Übrigen kommt es auch darauf an, wie man mit dem Menschen spricht. Gestik und Mimik spielen eine große Rolle. Sie können sich sicher vorstellen, dass ein Dolmetscher dafür völlig ungeeignet ist, Emotionen und Begeisterung rüberzubringen. Mir war klar, dass ich beides gut beherrschte, allerdings nutzte mir das ohne Italienischkenntnisse herzlich wenig. Ich entschloss mich daher, mein Engagement in Italien zu beenden. Es hatte mich viel Zeit und Geld gekostet, und beides weiterhin zu investieren, wäre töricht gewesen, zumal es weitaus lukrativere Länder gab, mit denen ich ins Geschäft kommen wollte.

Natürlich ist es bitter, viel Geld zu verlieren. Aber auf der anderen Seite gehören Rückschläge zum Leben. Wer nur faul zu Hause sitzt, wird mit Sicherheit nichts verlieren, aber er wird auch nichts bekommen, geschweige denn, sein Leben richtig bereichern. Er wird weiterhin in Armut leben, kein Wunder, wer ***Arm an Mut*** ist, wird immer gerade so über die Runden kommen. Zugegeben, ich würde manchmal auch gerne einmal die Beine baumeln lassen, faul auf der Couch liegen und von einem Fernsehkanal auf den nächsten umschalten und mir „Deutschland sucht den Superstar" anschauen. Ich frage mich, wie hilflos müssen diese Kandidaten sein, wenn Sie darauf hoffen, aus einigen tausend Bewerber als einzige ausgewählt und Deutschlands Superstar zu werden? Nicht das ich der Meinung bin, dass man es nicht versuchen sollte. Wer Talent hat, sollte selbiges unter Beweis stellen, nur so hat er eine realistische Chance. Doch in dieser Show treten deshalb so viele junge Menschen an, weil sie zum einen wirklich den Wunsch haben, ein Superstar zu werden, andererseits glauben sie, man könne ohne viel Arbeit reich werden. Dieser Urwunsch steckt in uns allen und ich kann Ihnen sagen, dass es nur ganz wenige Menschen gibt, die es geschafft haben, ohne Arbeit viel Geld zu verdienen. Aber das ist die Ausnahme. Die Wirklichkeit ist gerechter, sie belohnt die Menschen, die bereit sind, überdurchschnittlichen Einsatz zu zeigen und mehr zu tun, als andere. Selbst Dieter Bohlen schrieb in seinem Buch, dass er seinen Erfolg nicht irgendwelchen Zufällen zu verdanken hat, sondern einzig und allein

Der Duft des Erfolgs

der Tatsache, dass er arbeitet. Dabei spielt es keine Rolle, ob man Talent hat oder nicht. Wie sonst ist es zu erklären, dass die Jury von „Deutschland sucht den Superstar" ausgerechnet Dieter Bohlen gewählt hat, der mehr als einmal öffentlich zum Ausdruck brachte, er könne gar nicht singen. Dieter Bohlen ist für mich der lebende Beweis, dass jeder Mensch mit und ohne Talent ein „Superstar" werden kann, wenn er zwei Disziplinen beherrscht: Ehrgeiz und Geduld, gepaart mit der Bereitschaft, viel zu arbeiten. Dann kann man seinen Erfolg nicht verhindern. Mir tun die Kandidaten der „Superstar-Soap" Leid, die meinen, dauerhaft allen Sorgen und Ängsten dieser Welt zu entgehen und als Superstar gefeiert zu werden, wenn man nur einmal diese Show gewinnt. Wäre dem so, dann müsste der Gewinner aus der letzten Staffel heute berühmter sein als der Bundeskanzler. Doch weit gefehlt. Ich bin fest davon überzeugt, dass Menschen, die im Network-Marketing arbeiten, weit mehr verdienen können, als die Superstars aus dem Fernsehen. Zugegeben, diese Entwicklung ist natürlich nicht so spektakulär und Fernsehreif, weil man hier Leistung zeigen muss, und das will der Durchschnittsmensch weder sehen noch hören. Er möchte sich lieber Soaps anschauen, die Welt der Reichen und Schönen bewundern und sich einfach nur berieseln lassen.

Richtig spannend wird es im Leben erst, wenn man die Herausforderungen akzeptiert, auch mit dem Risiko, einmal Rückschläge verkraften zu müssen. Aber das gehört dazu. Ich kenne keinen erfolgreichen Menschen, der nicht einmal hingefallen ist oder schlimmere Niederlagen hat einstecken müssen. Der erfolgreiche Mensch ist nicht immer besser als der weniger erfolgreiche. Der Unterschied besteht darin, dass er nur ein einziges Mal mehr aufgestanden ist, nachdem er hingefallen war. Der weniger Erfolgreiche blieb liegen. Auch ich hätte nun resigniert nach Deutschland zurückkehren können, um meine „italienischen Wunden" zu lecken. Stattdessen zog es mich in die Schweiz und von hier aus begann ich wieder mein Geschäft aufzubauen. Diesmal mit Erfolg, schließlich können die Schweizer deutsch verstehen. Mehr als einmal erkannten mich sogar einige Menschen und wussten, dass ich der Dogan von LR bin. Das ist ein wunderbares Gefühl. Dann weiß man, dass man Großes geschafft hat. Vielleicht sind das die Momente, die einen für all die Anstrengungen im Leben entschädigen. Einige der von mir angesprochenen Menschen wunderten sich natürlich, dass ich selber noch auf die Straße ging und Kontakte knüpfte. Sie meinten, dass ich doch alles erreicht hätte und jetzt eigentlich alle fünf gerade sein lassen könnte. Klar, so denkt natürlich die breite Masse, deshalb verliert sie ja auch immer wieder. Immer mit gutem Beispiel vorangehen und auch dann weitermachen, wenn man es eigentlich schon geschafft hat, das ist meine Devise. Alles im Leben ist bekanntlich vergänglich, auch der Erfolg. Deshalb ist es so wichtig, dass man die zarte Pflanze des Erfolgs stetig gießt, damit sie ständig weiter wachsen kann. Kein Gärtner würde der Pflanze in der Zeit ihrer schönsten Blüte Wasser entziehen. Erfolgreiche Leute nutzen die Welle des Erfolgs und reiten auf ihr weiter, um nicht unterzugehen.

Nach einem Jahr in der Schweiz ging ich dann nach Holland und von dort aus in die Türkei. Der Gedanke, in der Türkei etwas aufzubauen, hatte für mich einen außerordentlichen Reiz, denn letztlich ist dieses Land so etwas wie meine zweite Heimat. Mein Vater kam Anfang der 70er Jahre nach Deutschland. Nach meiner Geburt schickte er mich und meine zwei Brüder für einige Zeit in die Türkei und holte uns erst wieder nach Deutschland zurück, als er einen sicheren Job hatte. Als LR vor rund acht Jahren eine Tochtergesellschaft in der Türkei eröffnete, war ich des Öfteren als Gastreferent geladen. Schon nach kurzer Zeit hörten sich mehr als 6.500 Menschen meine Vorträge an. Doch die Anfangseuphorie war nicht von langer Dauer. Zum einen verschlechterte sich die wirtschaftliche Lage in der Türkei dramatisch, und zum anderen war das türkische Management nicht in der Lage, ein Unternehmen dieser Größenordnung richtig zu führen. LR entschied sich, seine Aktivitäten in der Türkei einzustellen. Insofern konzentrierten sich meine Aktivitäten wieder auf Deutschland, doch der Gedanke, in der Türkei etwas aufzubauen, ließ mich seit dieser Zeit nicht mehr los. Denn Erfolg kennt keine Grenzen, schon gar nicht im Network-Marketing. Erfolg kennt auch keine Kulturen, keine Herkunft oder Kontinente. Deshalb war ich davon überzeugt, das LR in der Türkei eine riesige Chance hat, wenn die Strategie stimmt. Das Land hat fast 70 Millionen Einwohner und

Der Duft des Erfolgs

die Menschen lieben Kosmetik- und Pflegeprodukte. Türkische Frauen schätzen außerordentliche Düfte und legen Wert auf Schönheit. Selbst wenn es ihnen schlecht geht oder sie arbeitslos sind, resignieren türkische Frauen nicht. Im Gegenteil. Sie machen sich gerade schön, um über diese triste Zeit hinwegzukommen und natürlich auch, um den Männern weiterhin zu gefallen. Darüber hinaus vertrauen Türken einer Firma, wenn große Namen dahinter stehen. Diese Gründe bestärkten mich im Glauben, das wir mit LR eine großartige Chance haben, wenn wir sie wirklich nutzen.

Der normale Vertrieb

Oft sieht sich Network-Marketing dem Vorwurf ausgeliefert, dass die Produkte zu teuer sind und der Vertrieb zuviel verdient. Das ist natürlich blanker Unsinn. Sicher verdienen die Vertriebspartner in einem Network-Marketing überdurchschnittlich, aber nicht, weil die Produkte angeblich so teuer sind. Der Grund liegt vielmehr darin, dass Network-Marketing direkt an den Kunden herantritt und den Zwischenhandel komplett ausklammert.

An einem Beispiel möchte ich verdeutlichen, mit welchen verschiedenen Komponenten im klassischen Vertrieb gearbeitet wird, damit die Ware zum Verbraucher gelangt. Nehmen wir an, es handelt sich hierbei um ein Duschgel. Der Hersteller entwickelt das Produkt. Nachdem diese Phase abgeschlossen ist, wird das Duschgel produziert (Kosten 1: Herstellung) und in Umkartons verpackt (Kosten 2: hochwertige Umkartons als Blickfang für den Weiterverkauf). Dann gelangt die Ware in ein Lager und wartet hier auf den Abverkauf (Kosten 3: Lager). Das Unternehmen beschäftigt einige Verkäufer, die die Aufgabe haben, die Ware zu verkaufen (Kosten 4: Personalkosten). In der Regel wird das Duschgel nicht direkt an den Einzelhändler verkauft, sondern zunächst an den Großhandel (Kosten 5: Rabatte für den Großhandel). Der Großhandel erhält die Warenlieferung (Kosten 6: Transportkosten) und lagert auf eigene Kosten das Duschgel ein. Die Kosten hierfür sind im Großhandelspreis berücksichtigt. Nun fahren Verkäufer der Großhändler zum Einzelhändler und stellen dort das neue Duschgel vor (Kosten 7: Personalkosten). Der Einzelhändler entscheidet sich für einen ganzen Karton (Kosten 8: Rabatte für den Einzelhandel). Nachdem der Großhändler endlich durchatmen kann, weil jetzt alles verkauft wurde, plagt sich der Einzelhändler mit dem Abverkauf. Bevor die Ware verkauft wird, muss der Händler diese verkaufsgerecht in den Regalen platzieren. Der Einzelhändler hat keine Chance, einem Kunden die Vorteile dieses Produktes vorzustellen. Dazu fehlt ihm Zeit und Personal. Also ist er darauf angewiesen, dass sich der Kunde allein durch das Verkaufsregal tastet und dann am Produkt „hängen bleibt". Von dem Verkaufserlös muss der Händler noch einige Abstriche machen, um seine Kosten zu bezahlen: Miete, Lager, Ausstattung, Werbung und Marketing, Personalkosten, Zinsen und auch Diebstähle (Kosten 9: Kosten des Einzelhandels). Erschwerend kommt hinzu, dass der Einzelhandel neben dem fehlenden Service (keine Produktberatung) teilweise mit sinkenden Margen rechnen muss, weil die Konkurrenz nicht schläft und das gleiche Duschgel günstiger anbietet. Sie sehen, das ganze Geschäft ist von Anfang bis Ende ein großes Risiko für alle Beteiligten. Zusammenfassend ergibt sich folgendes Bild:

    Produktion
    + Kosten 1: Herstellung
    + Kosten 2: Verpackung
    + Kosten 3: Lager
    + Kosten 4: Personalkosten
    + Kosten 5: Rabatt für den Großhandel
    + Kosten 6: Transportkosten
    + Kosten 7: Personalkosten
    + Kosten 8: Rabatt für den Einzelhandel
    + <u>Kosten 9: Kosten des Einzelhandels</u>
    = Verkaufspreis

So ändert sich der Preis auf dem Weg vom Hersteller zum Kunden:

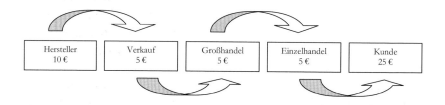

Sie sehen, in dieser Struktur sind viele einzelne Unternehmensbereiche und Firmen involviert, die allesamt verdienen möchten. Die Kosten dafür gehen in die Millionen. Verzichtet man auf den klassi-

Der Duft des Erfolgs

schen Zwischenhandel, spart das Millionen, die dann in Forschung und Vertrieb investiert werden.

Verkauf Network-Marketing

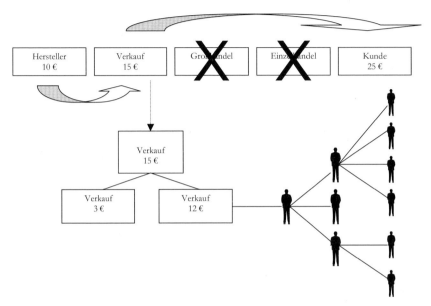

Jeder Anbieter steht vor dem Problem, dass der Verkaufspreis für ein Produkt nicht beliebig festgesetzt werden kann. Der Markt definiert den Preis. Insofern ist jeder Hersteller gezwungen, möglichst billig zu produzieren, um den Verkaufspreis marktgerecht zu gestalten und gleichzeitig alle Kosten decken zu können. Die Situation ist im Network-Marketing ganz anders, weil ein Großteil der klassischen Kosten entfällt. Der Hersteller hat unterm Strich etwas mehr in der Kasse. Dadurch fällt es ihm leichter, hochwertigere Produkte herzustellen und gleichzeitig die Forschung weiterer innovativer und verbesserter Produkte voranzutreiben. Sie sehen, die eingesparten Gelder werden nun Gewinn bringend in drei Kernbereiche investiert:

    1. Akzeptable Produktpreise
    2. Forschung und Entwicklung
    3. Angemessene Provisionen

Der Duft des Erfolgs

Das erklärt, warum der Kunde zum einen gute, hochwertige Produkte zu günstigeren Preisen erhält und der Vertrieb gut verdient.
Auf eigenen Füßen stehen, das ist der Wunsch vieler Menschen und dafür gibt es mehrere gewichtige Gründe:

1. höherer Verdienst
2. Unabhängigkeit
3. mehr Verantwortung
4. Selbstverwirklichung
5. eigene Meinung

Darüber hinaus genießen Selbstständige in Deutschland ein sehr hohes Ansehen. Nach wie vor steht die Berufsgruppe der Ärzte und Ärztinnen auf Platz 1 der „Berufbestsellerliste", gefolgt von der Berufsgruppe der Pfarrer und Hochschulprofessoren. Aber bereits an vierter Stelle stehen die Unternehmer. Die nachstehende Statistik[3] verdeutlicht, wovor von je 100 Befragten die meisten Achtung haben:

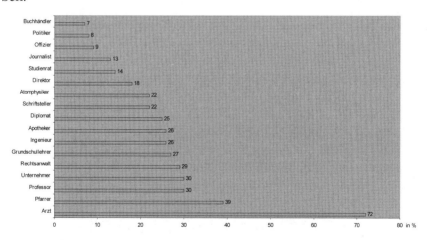

Doch nicht nur hohes Ansehen ist den selbstständigen Unternehmern in Deutschland sicher, sondern auch noch das beste Gehalt, wie Sie der nächsten Tabelle entnehmen können.

---

[3] Quelle: Institut für Demoskopie Allensbach

Der Duft des Erfolgs

Durchschnittliches Familien-Jahresnettoeinkommen[4]:

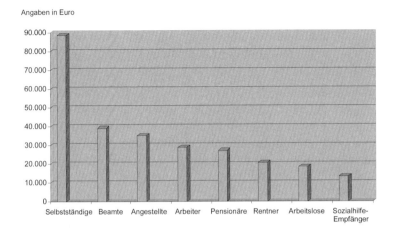

Wer selbstständig arbeitet, ist nicht nur sein eigener Herr und Meister, sondern verdient sogar doppelt so viel wie ein Beamter oder ein Angestellter.

„Erfolgreiche Menschen sind erfolgreich, weil sie das tun, was Durchschnittsmenschen nicht tun."

Henry Ford

---
[4] Quelle: Statistisches Bundesamt

Der Duft des Erfolgs ─────────────────────────

Die häufigsten Missverständnisse über Network-Marketing

Erfolg ruft natürlich sehr viele Neider auf den Plan und so verstummen auch nie die Stimmen, die in Network-Marketing etwas Unseriöses sehen. Network-Marketing ist ein etabliertes Vertriebssystem. Natürlich gibt es in diesem System Unterschiede. Wie in jeder Branche finden sich auch hier schwarze Schafe, die ein ganzes System in Verruf bringen können. Kein Mensch in den Industriestaaten kommt ohne Versicherungen aus, gleichwohl gehört dieser Berufsstand zu den meist gehasstesten, getreu dem Motto: „Ist es ihm nicht gelungen, reist er mit Versicherungen." Der Grund liegt darin, dass einige Versicherungsvertreter mehr das eigene Wohl als das Wohl des Kunden im Auge haben und im Schadensfall dann alles versuchen, nicht zahlen zu müssen. Ich denke, Sie wissen, dass nur eine Minderheit von Vertretern so arbeitet, das Gros der Vertreter arbeitet kundenorientiert, fair und zuverlässig. Aber eine Minderheit reicht aus, um einen ganzen Berufsstand zu verunglimpfen. Leider müssen wir uns auch im Network-Marketing mit einer kleinen Minderheit auseinander setzen, die mit unhaltbaren Versprechungen auf Kundenfang gehen und nur noch verbrannte Erde hinterlassen. Von diesen Machenschaften distanziere ich mich deutlich. Für Sie als Networker kommt es entscheidend darauf an, ein gutes und seriöses Unternehmen zu finden, dann klappt es auch mit dem Erfolg. Nur das Gute, Beständige setzt sich durch. Mit LR haben Sie einen solchen verlässlichen Partner an der Hand. Das Unternehmen wurde vor fast 20 Jahren gegründet und zählt heute zu den führenden seiner Art, weil alle an einem Strang ziehen und wissen, dass es der Kunde ist, der uns das Geld bringt. Deshalb schreiben wir den Service für unsere LR-Kunden GROSS! Natürlich werden die Betrüger nicht müde, immer wieder Dumme zu finden, denen Sie den schnellen Euro versprechen und gleichzeitig einige Tausend Euro aus der Tasche ziehen für ein völlig unseriöses Geschäft. Diese Art der Kundengewinnung, auch Kopfgeldprämie genannt, ist heute gesetzlich verboten (siehe hierzu auch das UWG (Gesetz gegen den unlauteren Wettbewerb) § 6c). Bei kritischer Betrachtung wird einem auffallen, dass es gar nicht so viele Network-Firmen am Markt gibt. Es mögen weltweit nicht mehr als 20 sein, die sich offiziell als Network-Marketing Unternehmen bezeichnen dürfen und deshalb auch länger als 10 Jahre am Markt sind. Ich bin mir sicher, wenn Sie bei einer dieser Firmen unterkommen, steht Ihrem Erfolg nichts mehr im Wege.

Network-Marketing ist ein Schneeballsystem

Einer der erfolgreichen Unternehmer, Henry Ford, sagte einmal: „Enten legen ihre Eier in aller Stille. Hühner gackern dabei wie verrückt, mit der Folge, dass alle Welt Hühnereier isst." So verhält es sich auch im Network-Marketing. Produkte, die über dieses Geschäft angeboten werden, sind oft weniger bekannt. Network-Marketing verzichtet auf teure Werbung in allen Medien und lebt ausschließlich von der Mundpropaganda. Um in den Worten von Henry Ford zu sprechen: Network-Marketing gackert nicht. Deshalb wissen die Menschen so wenig darüber und sprechen aus Unkenntnis sehr häufig von einem Pyramidensystem oder auch Schneeballsystem. Damit unterstellen Zyniker, dass dieses System solange funktioniert, bis es keine neuen Kontakte mehr gibt. Dann werden die letzten, die diesem System beigetreten sind, die Verlierer sein und die ersten die Absahner. Das ist vom Prinzip her richtig. Hat aber mit dem klassischen Network-Marketing überhaupt nichts zu tun. Hier wird zuverlässig und korrekt gearbeitet. Darüber hinaus werden nur sinnvolle Produkte verkauft, die immer wieder nachgefragt werden, weil es sich um Verbrauchsprodukte handelt. Dadurch ist eine Marktsättigung ausgeschlossen. Das allein bedingt eine perfekte Versandlogistik, die nur seriöse Network-Unternehmen bieten können. LR hat in Ahlen eines der größten Logistik-Center überhaupt, um jederzeit lieferfähig zu sein. Network-Marketing bietet jedem Verbraucher die einmalige Chance, nicht nur die eigenen Produkte zu verwenden, sondern bei entsprechendem Einsatz auch noch viel Geld zu verdienen.

Der Duft des Erfolgs

In Deutschland sind Schneeballsysteme natürlich längst verboten, weil dieses System wirklich unseriös ist. Denken wir doch nur zurück an die Zeit Anfang der 90er Jahre, als einige windige Geschäftsleute Geldspiele veranstalteten, nach dem Motto: Du zahlst 1.000 Euro ein, bekommst sofort 500 Euro zurück und suchst dir jetzt drei neue Partner, die ebenfalls jeweils 1.000 Euro einzahlen. Die bekommen dann auch jeweils ihre 500 Euro zurück und von der Differenz zahlen wir die Provisionen. Sie können sich vorstellen, dass die Aussicht, schnell und einfach viel Geld zu verdienen, Millionen Menschen angelockt hat. Doch wie gewonnen so zerronnen. Verdient haben nur die Initiatoren, und die Anleger wurden um ihre Gelder geprellt. Ich finde es richtig, dass solche Systeme heute strafrechtlich verfolgt werden und nichts, aber wirklich gar nichts mit Network-Marketing zu tun.

Es verdienen nur die Führungskräfte

In einem seriösen Network-Unternehmen verdienen alle und nicht nur die Führungskräfte. Unseriöse Systeme arbeiten nach einem Schneeballsystem und zahlen so genannte Kopfgelder. Hier geht es nicht um den Verkauf von Produkten, sondern nur um das Anwerben von Neukunden. Für jeden Neukunden, der noch nicht einmal Ware kaufen muss, zahlt das System dem Werber eine Provision, auch Kopfgeld genannt. Stagnieren die Neuanwerbungen, bricht das System zusammen, und alle beteiligten Personen müssen große Verluste hinnehmen.

In seriös arbeitenden Network-Unternehmen, und nur die sollten Sie interessieren, werden die Mitarbeiter aus der Differenz zwischen Herstellungspreis und Endverbraucherpreis bezahlt. Was zählt, ist der Verkauf der Ware. Darin liegt der große Unterschied. Tatsächlich ist es so, dass die, die eher in das Geschäft eingestiegen sind, mehr verdienen, als die später dazugekommenen. Das klingt nicht nur logisch, sondern ist Teil des Network-Prinzips. Ein Mensch, der Sie für das Network-Unternehmen geworben hat, wird als Sponsor bezeichnet. Auch hier sollten Sie wissen, dass es gute wie schlechte

Sponsoren gibt. Einem guten Sponsor kann es nicht egal sein, wie Sie sich entwickeln. Je mehr Informationen er Ihnen gibt und je mehr Zeit er für Sie hat, desto erfolgreicher werden Sie und davon wird er später auch profitieren. Auch ich verdanke meinem Sponsor, Herrn Liebig, einiges. Er gab mir viele hilfreiche und nützliche Tipps. Mein großes Vorbild aber ist Helmut Spikker, der Gründer von LR. Herr Spikker ist ein Mensch, der tatkräftig, mutig und entschlossen seinen Weg geht. Nie lässt er sich von Problemen unterkriegen. Er hat Visionen und schafft es immer wieder, die Menschen für die gemeinsame Sache zu begeistern. Trotz der großen Aufgaben ist er immer Mensch geblieben, hat stets ein freundliches Wort auf seinen Lippen und man kann sich auf ihn verlassen. Wenn Herr Spikker etwas verspricht, dann hält er es auch.

Herr Spikker inmitten der Stars

Ich habe Ihnen an anderer Stelle deutlich gemacht, dass natürlich die Menge Ihrer Mitarbeiter über Ihren Umsatz entscheidet. In einem fairen Vergütungssystem bedeutet dieses aber nicht, dass jemand, der tatsächlich sehr viel später dazu gestoßen ist, dauerhaft weniger verdienen muss, als eine Führungskraft. Das mag auf den ersten

Der Duft des Erfolgs

Blick nicht funktionieren, doch bei genauerer Betrachtung wird das deutlicher. Ich möchte es Ihnen daher genauer erklären und damit bestätigen, dass auch Sie heute noch die besten Chancen haben, Ihren Sponsor zu überrunden. In einer Network-Struktur gibt es die so genannte *Downline* und die *Upline*. Bei der Downline handelt es sich um die Vertriebsmannschaft, die unter Ihnen steht. Bei der Upline sind es die Ebenen, die über Ihnen stehen. Darüber hinaus wird unterschieden in *Linien* und *Ebenen*. Bei der ersten Ebene handelt es sich um Personen, die Sie in dieses Geschäft gebracht haben. Sie ahnen bereits, dass es sich in der zweiten Ebene um Personen handelt, die von Ihren Personen ins Geschäft gebracht wurden. Die dritte und jede weitere Ebene baut sich dann entsprechend auf.

Network-Struktur

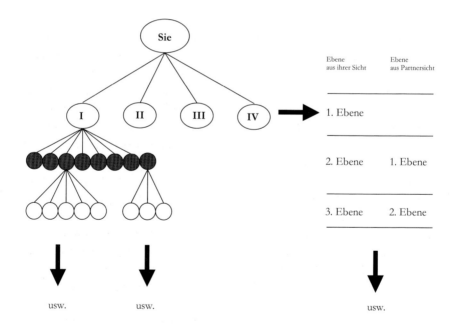

Wenn Sie nun vier neue Vertriebspartner (I, II, III und IV) gewonnen haben, bilden diese die 1. Ebene. Diese Partner werben nun eigene Partner. Das wäre aus Ihrer Sicht die 2. Ebene, aus Sicht Ihrer

Partner die 1. Ebene. Sie sehen in der Grafik, dass Ihr Partner I acht neue Partner gewonnnen hat (dargestellt als schwarze Kugeln). Sie selbst haben besagte vier Personen (dargestellt mit römischen Ziffern) für Ihren Vertrieb gewinnen können. Lassen Sie uns nun anschauen, wer von beiden mehr verdient. Nach den Gesetzen des Network-Marketing verdienen Sie natürlich zunächst an Ihrer gesamten Downline und damit auch an den Erfolgen von I. Würde diese Struktur aber so bestehen bleiben, würde Ihr Partner I mehr verdienen als Sie. Er könnte Sie zwar aufgrund dieser Struktur nie in der Hierarchie überholen, aber er hat die gleichen Verdienstchancen wie Sie. Sie können Ihren Verdienst durch zwei Bedingungen verbessern. Entweder gewinnen Sie neue Partner für die 1. Ebene oder Sie bringen Ihre Partner II, III und IV dazu, eigene Ebenen aufzubauen.

Wenn Sie die Grafik aufmerksam studieren, werden Sie erkannt haben, dass es nicht darauf ankommt, wie viele Ebenen über einem stehen. Es kommt einzig und allein darauf an, einzusteigen. Der Zeitpunkt ist gleichgültig. Sie müssen nur einsteigen, das ist schon alles. Diese Situation erinnert mich ein wenig an die Aktienmärkte. Viele Anleger warten bis zum Sankt Nimmerleinstag auf den richtigen Einstiegszeitpunkt. Dabei wissen die Profis längst, dass Wachstumsaktien immer Konjunktur haben und daher jeder Tag ein idealer Tag zum Einstieg in den Aktienmarkt ist. Auch im Network-Marketing gibt es keine guten und schlechten Tage. Es gilt, je eher Sie einsteigen, desto schneller verdienen Sie Geld.

Ich beobachte immer wieder einige Networker, die das System noch nicht verstanden haben. Statt sich auf einige wenige, solide Partner zu konzentrieren, entwickeln sie sich zu stark in die Breite und wundern sich dann, dass sie kein Geld verdienen. Diese Situation ist vergleichbar mit einem Holzfäller, der den ganzen Tag Bäume mit einer stumpfen Säge fällt. Die Arbeit geht deshalb nur sehr schleppend voran. Als eines Tages ein Wanderer diese Situation beobachtet, empfiehlt er den Holzfäller, er möge die Säge schärfen, dann würde es viel schneller gehen. Darauf sagt der Holzfäller: „Tolle Idee, aber ich habe keine Zeit, die Säge zu schärfen, ich muss sägen." Wenn Sie

50 und mehr Leute in Ihrer ersten Ebene haben, müssen Sie diese Menschen auch betreuen, denn sonst werden sie sich nicht bewegen. Doch 50 Menschen und mehr kann niemand wirklich allein betreuen. Während Sie die letzten Berater in der Reihe erreicht haben, laufen Ihnen die vorderen Berater wieder davon. Machen Sie nicht die gleichen Fehler wie die anderen vor Ihnen. Konzentrieren Sie sich auf maximal fünf zuverlässige Personen, fördern Sie diese und trainieren Sie diese Menschen. Fünf Menschen zu steuern, ist um ein vielfaches einfacher als fünfzig. Diese Strategie hat sich seit Jahrhunderten bewährt. Das so genannte 5er-Prinzip wird in Unternehmen wie auch beim Militär angewendet. Der Geschäftsführer hat maximal fünf Hauptabteilungsleiter. Ein Hauptabteilungsleiter hat maximal fünf Abteilungsleiter. Ein Abteilungsleiter hat fünf Gruppenleiter usw. Geben Sie sich keinen Illusionen hin. Mehr als fünf Menschen zu betreuen, wird sehr, sehr schwer sein. Wenn Sie in ein Network-Unternehmen eingestiegen sind, kommt es nur darauf an, was unter Ihnen geschieht. Denn merke:

„Sie verdienen an Ihrer Downline und nicht an der Upline"

Das bedeutet natürlich nicht, dass Ihnen Ihre Partner aus der Upline egal sein sollten. Letztlich waren er oder sie es, die Sie in dieses System gebracht haben. Damit haben sie Ihren Respekt verdient. Und denken Sie immer daran: „So wie Sie in den Wald hineinrufen, so schallt es heraus." Mit anderen Worten: Wer nicht fair mit seinen Partnern umgeht, wird ebenfalls nicht fair behandelt. Der Networker muss mir sein Vertrauen aussprechen. Er muss sich und mir die Zeit von mindestens sechs Monaten geben. In dieser Zeit werde ich ihm alles notwendige Wissen und die wirklichen Erfolgsgeheimnisse vermitteln, die wichtig sind, um wirklich erfolgreich zu werden. In dieser Zeit ist es auch möglich, die echten Networker von den Schleimern herauszufiltern. Letztere wollen nur Geld ohne entsprechenden Einsatz und sind keineswegs daran interessiert, das System LR zu lernen. Diese Menschen sind mir ein Gräuel.

Natürlich kennt Network-Marketing kein Mobbing oder Stühle sägen. Jeder ist sein eigener Chef, das ist ja das wunderbare an diesem

System. Doch Network-Marketing lebt vom Teamgedanken, wie kein anderes System. Je mehr Sie anderen dabei helfen, Erfolg zu haben, desto größer wird auch Ihr persönlicher Erfolg sein, weil mit jedem Umsatz in Ihrer Downline automatisch Geld zu Ihnen kommt. Je stärker Sie sich nun engagieren, desto größer wird Ihr Erfolg ausfallen. Und nun stellen Sie sich einmal vor, Sie haben Ihren Partnern gezeigt, wie sie noch erfolgreicher werden. Würden Sie sich dann freuen, wenn Ihre Partner Sie nun durch Missachtung strafen, weil sie nicht wollen, dass Sie nun noch mitverdienen? Denken Sie immer daran, es waren die Partner aus der Upline, die Sie zu dem gemacht haben, was Sie heute sind, und diese Leute waren eben etwas eher da und sind früher in das System eingestiegen. Ich finde es daher durchaus legitim, meine Partner dauerhaft an dem Erfolg zu beteiligen. Erfolg zieht Erfolg magisch an und das nicht zufällig. Für mich gibt es keine Zufälle. Wir Menschen sehen im Leben immer die Ursache für alles, was wir erhalten. Niemand würde ernsthaft auf die Idee kommen, Rübensamen zu pflanzen, wenn er im Herbst Bohnen ernten möchte. Ich wundere mich immer wieder darüber, dass die meisten Deutschen Missgunst und Mangel säen und am Ende sich darüber wundern, selbiges zu ernten. Wer Optimismus und Freude sät, wird genau dieses auch erhalten. Ich habe die Erfahrung gemacht, dass man am einfachsten die höchste Stufe der Vollendung erreicht, wenn man auf dem Weg dorthin auch andere Menschen an seinem Erfolg teilhaben lässt. Menschen, die immer wieder ihren Mangel beklagen, glauben, dass nichts zum Verteilen da ist. Sie halten krampfhaft fest an dem bisschen, was ihnen noch geblieben ist. Diese Menschen haben kein Vertrauen zum Leben. Dieses Verhalten aber bringt immer wieder neuen Mangel hervor. Das Leben beschenkt den Menschen, der reichlich und gerne gibt. Deshalb werden auch die Menschen am meisten erhalten, die bereit sind, dafür viel zu arbeiten. Ich habe einmal ein wunderbares Zitat von Thomas Alva Edison gelesen, der sagte: „Ich habe nie Wertvolles zufällig getan. Meine Erfindungen sind nie zufällig entstanden. Ich habe gearbeitet." Wenn das einer der erfolgreichsten Unternehmer des letzten Jahrhunderts sagt, dann sollten wir uns heute erst recht daran orientieren.

Der Duft des Erfolgs

Auch wenn Sie später einmal sagen werden, dass Sie sich Ihren Erfolg hart erarbeitet haben, sollten Sie auch anderen Menschen davon etwas abgeben. Es gibt in unserer Gesellschaft bedürftige Menschen, die unsere besondere Unterstützung brauchen. Ohne finanzielle Zuwendung sähe deren Zukunft schlecht aus. Ich denke hier an Behinderte, Schwerstkranke oder Menschen in der Dritten Welt. Schon seit Menschengedenken lesen wir, dass es wichtig ist, wenigstens einen Teil dessen, was wir verdienen, mit dem Leben zu teilen. Dabei kommt es nicht darauf an, so lange zu warten, bis Sie wirklich reich sind. Was zählt, ist die Tat selbst und nicht der Betrag. Wenn ein Mensch mit 1.000 Euro Monatsverdienst keinen Cent spendet, wird er es auch nicht tun, wenn sein Einkommen auf 10.000 Euro steigt. Alles ist letztlich eine Einstellungssache. Eigentlich besteht das ganze Leben aus Geben und Nehmen. Wir atmen ein und aus, einige tausend Mal am Tag. Unsere Atmung ist für mich ein Sinnbild für Geben und Nehmen. Mit unserem Geld verhält es sich ähnlich. Wir nehmen es ein und geben es wieder aus. Nur so bleibt der Wirtschaftskreislauf in Schwung. Deshalb verwundert es mich auch nicht, dass gerade die reichsten Menschen dieser Welt oft auch die größten Spender sind. Schauen Sie sich Bill Gates an. Man weiß, dass er mehr als vier Milliarden Dollar (!) in eine eigene Stiftung für wohltätige Zwecke spendete. Oder Ted Turner, Gründer von CNN TV, spendete mehr als eine Milliarde Dollar der UNO. Sie haben verstanden, dass es wichtig ist, seinen Erfolg mit anderen Menschen zu teilen, damit es in der Welt gerechter zugeht.

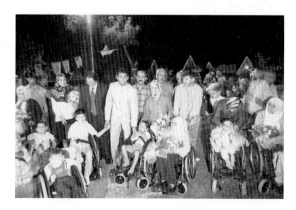

Der Duft des Erfolgs

Gelegenheiten zu spenden, gibt es mehr als genug. Auch ich spende immer wieder einen Teil meiner Einnahmen für die verschiedensten Zwecke. Natürlich mache ich darum kein allzu großes Aufsehen, weil es nur mich etwas angeht. Aber einmal ließ sich eine Spende von mir nicht verheimlichen. Die Menschen waren von dieser Spende einfach so ergriffen, dass selbst mir warm ums Herz wurde. Ich spendete damals vierundzwanzig Rollstühle für Querschnittsgelähmte Menschen in der Türkei. Die Menschen waren überglücklich, weil sie durch diese Spende ein ganz anderes Lebensgefühl vermittelt bekamen. Sie konnten sich fortan viel einfacher bewegen, als es ihnen bisher möglich war.

Im weitesten Sinne behaupte ich, dass auch Network-Marketing nach einem „Spendenprinzip" funktioniert. Nur mit dem Unterschied, dass niemand Geld verschenkt, sondern seine Bereitschaft, Wissen und Zeit zu „schenken", damit aus einfachen Menschen gute Networker werden. Es ist mir schon klar, dass dieses nicht ganz uneigennützig geschieht, doch nicht jeder Networker wird am Ende dem System erhalten bleiben. Viele steigen schon vor ihrem großen Erfolg wieder aus. Das Risiko eines Sponsors besteht immer darin, dass er vorher nie weiß, wer am Ende erfolgreich sein wird. Er gibt also ein Vielfaches von seinem Wissen und seiner Zeit an viele Menschen weiter und setzt sich schon dem Risiko aus, dass diese Menschen dieses Wissen für andere Zwecke missbrauchen. Dennoch sind die Sponsoren bereit, diesen Weg zu gehen, weil sie genau wissen, dass die Welt immer das ist, was wir von ihr denken. Wer nur daran denkt, nie genug zu haben oder möglicherweise sogar über den Tisch gezogen zu werden, dem wird am Ende genau das passieren. Wer dagegen freudig gibt, erntet am Ende viel Geld und vor allen Dingen menschliche Anerkennung, was in vielfacher Hinsicht bedeutender ist als viel Geld.

Das Gesetz der Zahl

In der Schule lernen wir das 1 x 1 und was man einmal gelernt hat, vergisst man so schnell nicht. Deshalb ist für viele Menschen die nachstehende Rechenaufgabe auch ganz einfach zu lösen:

$$8 \times 8 = 64$$

8 x 8 ergibt nach den Gesetzen der Mathematik genau 64. So haben wir es gelernt und so muss es dann auch sein. Network-Marketing unterliegt aber eigenen Gesetzen und hat so gar nichts mit schulischem Wissen zu tun. Was würden Sie sagen, wenn ich behaupte 8 x 8 ergibt 1.000? Würde es Ihnen nicht genauso gefallen wie mir, statt 64 Euro einen Betrag von 1.000 Euro auf die Hand zu bekommen? Genau das können Sie erreichen und ich möchte Ihnen zeigen, dass Sie dazu nur Ihre bisherige Einstellung verändern müssen. Bevor ich mich mit Ihnen nun über das Gesetz der Zahl im Network unterhalte, will ich Sie nicht noch länger auf die Folter spannen und die Aufgabe lösen:

$$8 + 8 + 8 + 88 + 888 = 1.000$$

Sie sehen, mit dieser Rechnung habe ich auch achtmal die Zahl acht berücksichtigt nur eben anders. Sie werden in den nächsten Berechnungen sehen, dass es entscheidend darauf ankommt, auch kleine Zahlen sehr ernst zu nehmen. Fragen Sie einmal Ihren Banker, wie groß der Unterschied zwischen 5 und 6 Prozent Zinsertrag bei einer Summe von 100.000 Euro auf 30 Jahre ausfallen mag. Letztlich sprechen wir nur über 1 Prozent, doch am Ende kommt es auf die absoluten Zahlen an und die sprechen eine deutliche Sprache:

100.000 € zu 5 % ergibt nach 30 Jahren	432.000 €
100.000 € zu 6 % ergibt nach 30 Jahren	<u>574.000 €</u>
Differenz	142.000 €

Sie sehen, ein Prozent mehr Zinsen bringt tatsächlich 142.000 € mehr!

Wenn Sie jemandem Ihr Geschäft erklären und ihm klar machen, dass zwei neue Partner zwei neue Kontakte bringen, haben Sie am Ende vier neue Kontakte. Diese vier Kontakte bringen wieder je zwei Kontakte, so erhöht sich die Zahl der Kontakte auf acht:

$$\begin{aligned} 2 \times 2 &= 4 \\ 4 \times 2 &= 8 \\ 8 \times 2 &= 16 \\ 16 \times 2 &= 32 \end{aligned}$$

Soweit so gut. Was aber würde passieren, wenn Sie sich derartig ins Zeug legen und die Zahl Ihrer Kontakte gleich zu Beginn von 2 auf 3 erhöhen? Also nur einen Kontakt mehr. Wenn Sie und Ihre Partner diese Anweisung umsetzen, passiert folgendes:

$$\begin{aligned} 3 \times 3 &= 9 \\ 9 \times 3 &= 27 \\ 27 \times 3 &= 81 \\ 81 \times 3 &= 243 \end{aligned}$$

Sehen Sie den Unterschied? Jeder hat nur eine Person mehr gefördert und dadurch das Ergebnis in derselben Zeit verachtfacht. Ich glaube, dass es nicht sonderlich schwer ist, eine Person mehr zu fördern. Das Ergebnis ist jedenfalls gewaltig und nur darauf zurückzuführen, dass man sich gegenseitig fördert. Man fördert drei Personen und zeigt Ihnen, wie sie jeweils drei weitere fördern. Dann hilft man ihnen dabei, diese neun Personen zu lehren, wie sie ihrerseits jeweils drei weitere Personen fördern können, und die Gruppe wächst bereits auf 27 Personen. Im nächsten Schritt des Lehrens und Förderns wächst die Gruppe auf 81 Personen, dann auf 243 und so weiter. Jeder unterstützt jeden, so dass alle davon profitieren. Das oberste Gebot eines jeden Networkers ist es, sein Wissen mit anderen zu teilen und sie best möglichst zu schulen. Das setzt voraus, dass er das Geschäft perfekt beherrscht, und natürlich die Firma und Produkte in und auswendig kennt. Wenn auch Sie erfolgreich ein Team aufbauen möchten, müssen Sie Ihr ganzes Know-how, Ihre Fähigkeit mit Menschen umzugehen, Ihren Ehrgeiz, Ihre Disziplin, Ihre Begeisterungsfähigkeit und Ihr visionäres Handeln auf Ihre künftigen Partner übertragen können. Das ist es, worauf es im Network-Marketing ankommt. Aller Anfang ist schwer. Ärgern Sie sich nicht, wenn der erwünschte Erfolg zu Beginn ausbleiben sollte und Ihre Partner sich nicht unbedingt so verhalten, wie Sie es Ihnen gelehrt haben. Es sind Menschen und keine Maschinen, mit denen Sie es zu tun haben. Geben Sie jedem eine Chance und zeigen Sie ihnen immer wieder, wie sie es richtig machen. So sagt ein chinesisches Sprichwort:

> *„Willst du ein Jahr Wohlstand, baue Getreide an. Willst du zehn Jahre Wohlstand, pflanze Bäume. Willst du hundert Jahre Wohlstand, bilde Menschen."*

Network-Geheimnisse

Zunächst einmal behaupte ich, dass jeder Erfolg haben kann, der es auch wirklich will und das ist im Network-Marketing einfacher, als gemeinhin angenommen wird. Schon der Start ist einfacher, als bei jeder anderen Unternehmensgründung.

Nebenberuflicher Start

Wenn Sie ein Unternehmen gründen, müssen Sie sich darum vierundzwanzig Stunden am Tag kümmern. In aller Regel geben Sie Ihre bisherige Angestelltentätigkeit auf, damit Sie sich voll und ganz auf die Gründung konzentrieren können. Das kostet neben der Zeit auch noch viel Geld, weil Sie in dieser Phase selbiges ja noch gar nicht verdienen. Im Network-Marketing können Sie zunächst einmal nebenberuflich starten. Sie übernehmen ein bestehendes Geschäftskonzept, welches sich tausendfach bewährt hat. Sie brauchen keine schlaflosen Nächte, denn Sie können Ihr bisheriges Leben weiterleben. Sie haben die Chance auf mehr Geld, gleichzeitig bleibt Ihnen das Geld erhalten, was Sie durch Ihre derzeitige hauptberufliche Tätigkeit verdienen.

Unternehmensgründung

Wenn Sie heute ein Unternehmen gründen möchten, dann brauchen Sie neben einem schlüssigen Geschäftskonzept in der Regel viel Geld, um den Start zu finanzieren. Ich bezweifle, dass das ersparte Geld ausreichen wird. In aller Regel braucht man weitere Fremdmittel, die oft nur von einer Bank verliehen werden. Wer aber einmal in seinem Leben mit einer Bank über Kredite verhandeln musste, weiß um die menschenverachtende und herablassende Behandlung der Banken. Heute noch einen Kredit aufgrund geschäftlicher Prognosen zu bekommen, ist so gut wie unmöglich. Darüber hinaus stellt sich die Frage, ob man seine Zukunft wirklich auf Schulden aufbauen möchte. Glauben Sie mir, einen Kreditvertrag zu unterschreiben

Der Duft des Erfolgs

ist eine Arbeit von Minuten und sehr einfach. Diese Schulden aber zu tilgen ist eine Sache von Jahren und manchmal nicht ganz einfach. Die Bank verlangt ihr Geld zurück, egal, wie Sie das Geld dafür monatlich aufbringen. Also sollte man sich diesen Schritt sehr genau überlegen, denn merke: „Der Wahn ist kurz, die Reue lang." Wobei ich natürlich von Schulden spreche, die das Einkommen um ein vielfaches übersteigen. Jeder sollte sich im Rahmen seiner Möglichkeiten bewegen.

Im Network-Marketing wird Sie niemand danach fragen, wie viel Eigenkapital Sie haben, weil es nicht wichtig ist. Sie sind Ihr wichtigstes Kapital und für wenige Euro bekommen Sie das Starterset, um Ihre Arbeit sofort beginnen zu können. Sie brauchen keine teure Büroausstattung, keine teuren Maschinen und keine Büro- und Lagerräume. Das Network-Unternehmen sorgt für eine reibungslose Logistik. Selbst ein teures Auto brauchen Sie nicht. Sie haben meinen bisherigen Ausführungen entnehmen können, dass auch ich mit einem sehr alten Golf angefangen habe. Natürlich war mir schon klar, dass ich dieses Auto alsbald gegen ein größeres austauschen wollte. Das war eines der vielen Ziele. Wann immer ich Zeit hatte, dachte ich an einen Mercedes SL, natürlich im Brabus Design. Den wollte ich unbedingt haben. Diese Vision, ein solch teures Auto bald fahren zu dürfen, war viel wichtiger, als es dann schlussendlich zu besitzen. Immer dann, wenn die Situation schwieriger wurde oder ich auf Ablehnung stieß, dachte ich an diesen schwarzen Mercedes SL und ich wusste, jetzt muss ich weitermachen, ansonsten werde ich nur die Rücklichter dieses Wagens sehen. Ich wollte dieses Auto fahren, und kein anderer sollte es mir vor der Nase wegnehmen. Aber mir war auch klar, dass ich einen solchen Wagen bar bezahle und keinen Kredit aufnehme. Das machen viele Menschen, die einen auf wichtig machen und Eindruck schinden möchten. Ein Auto auf Pump zu kaufen ist keine Kunst, es bar zu bezahlen dagegen schon.

LR bietet seinen Partnern ein schlüssiges und erfolgreiches Geschäftskonzept. Schon für wenige Euro gibt es ein komplettes Starterset und jeder, der Lust und Zeit hat, kann mit diesem System von Zuhause aus einfach und ohne hohe Kosten starten.

Keine Altersbegrenzung

Network-Marketing kennt keine Altersbegrenzung. Das ist etwas Wunderbares. Wie oft hört ein Bewerber, er sei zu alt für den ausgeschriebenen Arbeitsplatz. Denken Sie nur an die vielen Fünfzigjährigen und ältere, die Angst um Ihren Job haben, weil sie genau wissen, beim Verlust des Arbeitsplatzes keine neue Chance zu bekommen. Das ist bitter spüren zu müssen, mit fünfzig Jahre schon zu alt für diese Welt zu sein. Im Network-Marketing ist Platz für jeden. Es gibt keine Altersbegrenzung. Bereits achtzehnjährige finden Spaß und Freude am Verkauf von LR-Produkten, genauso wie Fünfzigjährige und noch ältere. Es ist nie zu spät, anzufangen.

Keine Vorkenntnisse erforderlich

Wenn Sie Spaß auf eine Märchenstunde haben, sollten Sie sich am Samstag die Ausgaben verschiedener überregionaler Tageszeitungen kaufen und hier die Stellenangebote lesen. Etwas übertrieben ausgedrückt drängt sich doch sehr häufig der Eindruck auf, dass man einen Dreißigjährigen mit zwanzig Jahren Berufserfahrung, promovierter Ingenieur, unverheiratet und sofort und weltweit einsetzbar, sucht. Fünf Sprachen fließend und Erfahrung im Umgang mit Großprojekten. Mir graut es vor diesen Stellenausschreibungen, weil sie zum einen sehr oft realitätsfremd sind und zum anderen den Bewerbern keine wirkliche Sicherheit garantieren. Heute sind doch selbst Akademiker arbeitslos. Ich frage mich immer wieder, wie sich diese Menschen wirklich fühlen müssen? Sie haben fast zwanzig Jahre die Schulbank gedrückt, um am Ende genauso wie ein Hauptschüler, der in nur neun Jahren die Schule geschafft hat, auf dem Arbeitsamt in der Schlange zu stehen. Wer sich um einen Arbeitsplatz beworben hat, weiß, was ihn in einem Bewerbungsgespräch erwartet. Man will von ihm wissen, was er bisher gemacht hat, an welchen Fortbildungsmaßnahmen er teilgenommen hat, wie viele Fremdsprachen er beherrscht, wie er die Schule abgeschlossen hat und warum er sich jetzt um die ausgeschriebene Position bewirbt. Network-Marketing bietet jedem eine Chance. Egal, aus welcher sozialen Schicht er kommt oder wie es um seine Schulausbildung steht. Wichtig ist nur, dass er einen guten Leumund hat, eine gepflegte Erscheinung und vor allen Dingen absolut seriös und gern arbeitet.

Network-Marketing ist ein sanftes Ruhekissen

Damit wir uns nicht falsch verstehen. Wer ernten will, muss vorher säen. Je besser die Saat, desto mehr wird jemand ernten. Logisch. Mit Ruhekissen meine ich auch nicht, dass Sie sich ausruhen sollten. Vielmehr steht dahinter, dass Sie sich weniger Gedanken machen müssen um Ihre Zukunft, und das ist wahrlich ein beruhigendes Gefühl. Niemand wird zu Ihnen sagen: „Es tut mir leid, aber ab morgen brauchen wir Sie nicht mehr." Niemand wird mehr über Sie richten können. Sie allein bestimmen den Kurs. Sie brauchen keine Angst vor einer Kündigung haben. Es gibt kein Mobbing und keine Abteilungsleiter, die Sie unter Druck setzen. Über Erfolg oder Misserfolg entscheiden Sie im Network-Marketing ganz allein.

Weniger Stress

Je erfolgreicher Sie im Network-Marketing werden wollen, desto mehr Arbeitseinsatz müssen Sie zeigen. Solange Ihnen die Arbeit leicht und locker von der Hand geht, haben Sie auch Spaß daran, diesen Job zu tun. Im Network-Marketing kenne ich übrigens niemanden, der seine Arbeit nicht gerne erledigt. Das ist der Unterschied zu den meisten Angestellten, die jeden Morgen zu ihrem Arbeitsplatz gehen, weil Sie ihren Job machen müssen, damit am Monatsende Geld in die Haushaltskasse fließt. Ich denke, es gibt eine Verbindung zwischen einer lustlosen Tätigkeit und einem steigenden Krankenstand in den Unternehmen. Im Augenblick geben die Menschen in Deutschland nach neuesten Statistiken immer weniger Krankmeldungen ab, weil sie Angst vor dem Verlust des Arbeitsplatzes haben. Das ist aber keine Lösung. Der Körper rächt sich für dieses Vorgehen ganz bestimmt. Erfolg im Network-Marketing beflügelt und hält den Körper gesund. Sie werden es sehen.

Die häufigsten Ausreden im Network-Marketing

Network-Marketing bietet viele Vorteile und doch wollen einige Menschen die Chancen nicht sehen. Ihnen fallen tausend Gründe ein, jetzt noch nicht zu starten. Einige dieser Gründe habe ich Ihnen nachstehend zusammengefasst.

Ja aber...

Wenn Sie so arbeiten wie ich, dann werden Sie nicht nur eine Reihe sympathischer Menschen kennen lernen, sondern auch die so genannten „Ja, aber Sager". Das sind Menschen, die eigentlich alles wollen, aber nicht können, weil gerade der Hund krank ist, die Frau einen schlechten Tag hat, die Kinder mit einer sechs im Zeugnis nach Hause kommen und so weiter. Diese Menschen beginnen fast jeden Satz mit: „Ja, aber...", weil sie in allem und jedem das berühmte Haar suchen. Um es gleich vorweg zu sagen, diese Menschen meide ich. Ich gestehe jedem seine eigene Meinung zu, auch eine negative, aber dann soll er mich damit verschonen. Diese Menschen rauben mir nur kostbare Zeit und Energie. Entweder Sie wollen im Network-Marketing arbeiten oder sie wollen es nicht. Dazwischen gibt es nichts. Ein bisschen schwanger kann auch keine Frau werden. Wie gesagt, ich meide Menschen, die mich mit ihren Scheinargumenten nerven. Ich konzentriere mich lieber auf die Menschen, die bereit sind, ein Stück des Weges mit mir zu gehen und vielleicht später sogar noch mehr.

Sie werden dann auch auf Menschen treffen, die Ihnen sagen, dass Sie ja gerne LR-Produkte verkaufen würden, aber monatlich 1.000 Euro zu verdienen, sei ihnen zu wenig. Dafür wolle man seine kostbare Freizeit nicht opfern. Auch das ist so ein typisches deutsches Problem. Entweder man verdient sofort richtig viel Geld oder aber man fängt erst gar nicht an. Dazwischen gibt es für diese Menschen keine Lösung. So wie es Menschen gibt, die Network-Marketing nicht kennen, so gibt es auch einige, die eine völlig überzogene Vorstellung von diesem System haben. Sie glauben, so ganz nebenbei fünfstellig zu verdienen. Das ist natürlich ausgemachter Blödsinn. Network-Marketing ist das fairste System, das mir bekannt ist. Je mehr Geschäftsabschlüsse ich tätige, desto mehr Geld verdiene ich. Je mehr Menschen ich in meine Downline bringe, desto mehr Geld fließt mir zu. Arbeite ich viel, erhalte ich viel. Arbeite ich wenig, dann bekomme ich auch wenig. Fairer geht es doch kaum. Dabei habe ich immer darauf geachtet, den Menschen die Wahrheit zu sagen. Sie wissen, dass sie viel Geld verdienen können, wenn sie einen entsprechenden Einsatz zeigen. Ich finde auch, dass zu Beginn 1.000 Euro monatlich schon ein stolzer Betrag ist. Wenn ich mir vorstelle, dass die meisten Häuser in Deutschland finanziert sind und die monatlichen Kreditraten um 1.000 Euro liegen, dann könnte man mit dem zusätzlichen Verdienst aus dem Network-Marketing sein Haus abbezahlen. Ist das etwa zu wenig? Man kann es sogar noch weiter bringen. Nehmen wir an, ein Ehepaar zahlt für einen Immobilienkredit über 160.000 Euro monatlich 800 Euro. Dann brauchen diese Leute mehr als 36 Jahre, um das Haus zu bezahlen, wenn der Zins bei fünf Prozent liegt. Unterstellt, dieses Ehepaar verkauft nebenbei LR-Produkte und verdient im Monat 1.000 Euro. Dann könnten Sie 800 Euro für Zinsen und Tilgung locker aus diesem Betrag bezahlen. Sie könnten aber noch weitergehen und die gesamten 1.000 Euro in den Kredit einbringen. Das erhöht natürlich automatisch die Tilgung, während die Zinsen weiterhin bei fünf Prozent liegen würden. Durch die erhöhte Tilgung reduziert sich die Gesamtlaufzeit des Darlehens um satte 14 Jahre auf nur noch 22 Jahre. Im Ergebnis sieht es dann so aus:

800 € mtl. 36 Jahre lang	- 345.600 €
1.000 € mtl. 22 Jahre lang	- <u>264.000 €</u>
Differenz	- 81.600 €

Ist das nicht ein wunderbares Ergebnis? Aus nur 200 Euro monatlich lassen sich 81.600 € sparen. Ich habe diese Berechnung lediglich auf 200 Euro abgestellt. Die Wahrheit aber ist doch, dass bei diesem Beispiel die 1.000 Euro für die monatlichen Kreditraten aus dem Verdienst mit Network-Marketing kommen. Wenn wir diese Zahl unterstellen, dann ist das Haus nach 22 Jahren allein durch die Arbeit als LR-Networker bezahlt! Gibt es noch einen Grund, nicht sofort mit Network-Marketing anzufangen?

Es ist wichtig, dass Sie sofort erkennen, ob Ihr Kontakt ein positiver Mensch ist, der bereit ist, Neues auszuprobieren oder aber eher jemand ist, der vor lauter Zweifel und Angst niemals richtig aus den Hufen kommt. Ihr Ziel muss es sein, bejahende Menschen für Ihr Geschäft zu finden. Deshalb finde ich es wichtig, dass Sie die Argumente der Menschen kennen, die für Ihr Downline nicht in Frage kommen. Die Argumente sind nämlich immer wieder die gleichen und deshalb möchte ich Ihnen die wichtigsten nun vorstellen.

Ich habe keine Zeit

Das ist mit Abstand das dümmste Argument und damit auch das häufigste. Nennen Sie mir einen Menschen, der Zeit hat. Ich glaube, jeder der eine Familie hat und zur Arbeit geht, hat nie genügend Zeit. Ein Tag hat aber nur 24 Stunden, das ist mir schon klar. Diese Zeit ist, wenn man so will, das gerechteste auf Erden, weil jeder Mensch, gleich viel pro Tag davon besitzt. Die Frage ist aber doch, wie teile ich meine Zeit ein? Und da gibt es beträchtliche Unterschiede. Es gibt Menschen, die erziehen vier Kinder, arbeiten tagsüber und abends steht noch eine warme Mahlzeit auf dem Tisch. In einer anderen Familie gibt es gerade einmal ein Kind und die Mutter findet vor lauter Stress nicht einmal das Knäckebrot, geschweige denn, ein Abendessen zu servieren. Menschen sind grundsätzlich verschieden, das hat man so hinzunehmen. Was man aber ändern kann, ist die Organisation. Je besser sich ein Mensch organisieren kann, desto mehr wird er auch erreichen können. Deshalb ist die Aussage: „Ich habe keine Zeit" falsch, es müsste richtig heißen: „Ich kann meine Zeit nicht organisieren."

Jede noch so lange Wanderung beginnt bekanntlich mit dem ersten Schritt. Kein Mensch erwartet, dass Sie alles stehen und liegen lassen, um sich ganz auf Network-Marketing konzentrieren. Ich habe bereits mehrfach ausgeführt, dass eines der zentralsten Vorteile in

Der Duft des Erfolgs

diesem System darin liegt, dass Sie zu jeder Zeit und nach freier Zeiteinteilung starten können. Sie müssen nur anfangen, den ersten Schritt zu tun. Nehmen wir an, trotz der besten Organisation sind Sie noch immer im Glauben, dass Sie keine freie Minute für eine zusätzliche Aufgabe haben. Dann frage ich Sie: Sind Sie nur zu Hause oder verlassen Sie öfter über den Tag das Haus? Fahren Sie zum Bäcker, zum Lebensmittelmarkt, zur Apotheke, zur Schule oder zum Arzt? Der moderne Mensch ist heute mobil und ich glaube, egal, ob Sie arbeiten gehen oder „nur" zu Hause arbeiten, oder Hausfrau sind, Sie verlassen mindestens einmal täglich das Haus. Wenn Sie nun bei dieser Gelegenheit nur einen Menschen auf Ihr neues Geschäft ansprechen, braucht es nur wenige Minuten und Sie wissen, ob Sie mit ihm ins Geschäft kommen oder nicht. Ich unterstelle, dass Sie zu jeder Zeit am Tag soviel Zeit haben, dass Sie bei nächstbester Gelegenheit einen potentiellen Geschäftspartner ansprechen können und zwar beim Bäcker, in der Schule, in der Apotheke oder sonst wo. Ich nutze selbst Staus auf der Autobahn für die Kontaktanbahnung. Unlängst stand ich wieder einmal auf der A3 im Stau auf der Überholspur. Rechts von mir stand ein alter Kadett B. Ich senkte die Scheibe an der Beifahrerseite herunter. Der Kadett-Fahrer reagierte entsprechend und kurbelte auch seine Scheibe herunter. Ich fragte ihn, wie lange er sein Auto noch fahren wolle. Er meinte, er könne sich im Augenblick keinen besseren Wagen leisten, weil der Verdienst nicht so üppig sei. Ich fragte ihn, ob er sich vorstellen könnte, auch so einen Mercedes zu fahren wie ich. Er winkte ab und sagte, dass das wohl immer ein Traum für ihn bleiben würde. Ich hatte Gelegenheit, ihm von meinem Geschäft zu erzählen und gab ihm meine Telefonnummer. Bei weiterem Interesse solle er mich anrufen. Der Stau löste sich dann auf und wir fuhren auseinander. Drei Tage später rief mich besagter Kadettfahrer an, und wir vereinbarten einen Gesprächstermin. Am Ende konnte ich diesen Fahrer von meinem Geschäft überzeugen und er stieg bei LR ein. Deshalb gilt: Nutzen Sie wirklich jede erdenkliche Situation, um Menschen von Ihrem Geschäft zu erzählen. Im Network-Marketing gibt es keine Langeweile mehr. Ob Staus auf der Autobahn, Schlangen vor der Supermarktkasse oder Flohmärkte, diese Situationen werden Sie zukünftig nicht mehr nerven, im Gegenteil, Sie werden sie geradezu herbeisehnen. Eine bessere Chance auf Kontakte gibt es kaum.

Sie werden sehen, wenn Ihr erster Schritt für die nächsten Wochen nur darin besteht, jeden Tag nur einen Menschen von Ihrem Geschäft zu erzählen, werden Sie überrascht sein, dass Sie am Monatsende, ohne wesentlichen Zeitaufwand, mindestens dreißig neue Kontakte geknüpft haben. Wenn davon die Hälfte zu einer Geschäftspräsentation, die Sie an einem Abend im Monat abhalten, kommt, haben Sie doch das Argument: „Ich habe keine Zeit" trefflich widerlegt. Sie müssen nur den Mut haben, es auch zu tun.

Networker interessieren sich nur für Geld

Noch immer scheint das Interesse an Geld etwas Verwerfliches zu sein. „Geld verdirbt den Charakter" hört man sehr häufig sagen. Ich kann mich dieser Aussage nicht anschließen. Mir ist noch kein Mensch begegnet, dessen Charakter nur dadurch besser war, weil er kein Geld besaß. Mitunter beschleicht mich das Gefühl, sich für seine Einnahmen und sein Geld entschuldigen zu müssen. Eine verkehrte Welt. Es sind doch gerade die Menschen, die Geld verdienen und damit den Staat am Leben erhalten. Menschen mit viel Geld kaufen sich teure Autos und sichern damit nicht nur Arbeitsplätze, sondern sorgen für ein erhöhtes Mehrwertsteueraufkommen. Von einem Auto für 100.000 Euro kassiert der Staat mal eben 16.000 Euro Mehrwertsteuer, die u. a. dafür verwendet werden, Sozialhilfeempfänger, Asylanten und Arbeitslose zu unterstützen. Was bitte, soll denn daran verkehrt sein, Geld zu verdienen, wenn wirklich fast alle davon etwas haben? Es muss doch mal Schluss sein, mit den Parolen vieler Negativdenker. So frage ich mich zum Beispiel, was die Gewerkschaften meinen, wenn sie immer wieder von sozialer Gerechtigkeit sprechen. Was bitte schön ist soziale Gerechtigkeit? Ist es etwa gerecht, dass die arbeitende Bevölkerung immer höhere Abgaben akzeptieren muss, um damit die ausufernden Sozialabgaben des Staates auszugleichen? Oder ist es gerecht, dass immer weniger Menschen arbeiten und von denen unterstützt werden, die immer mehr arbeiten müssen? Soziale Gerechtigkeit kann es doch nur geben, wenn es ein ausgewogenes Verhältnis zwischen Anspruch und Wirklichkeit gibt. Darauf aber zu warten, ist unsinnig. Denn Unternehmer, Gewerkschaften und Politiker werden sich noch in einhundert Jahren darüber streiten, wer die besten Konzepte gegen den drohenden sozialen Verfall hat. In der Zwischenzeit aber bleiben viele Menschen auf der Straße oder rutschen an den Rand der Gesellschaft. Im schlimmsten Fall sitzen sie später in den Fußgängerzonen, um sich ihr Geld zusammen zu betteln.

Die Dummen sterben nie aus. Sie glauben noch immer an das Märchen vom Füllhorn und harren der Dinge, die da auf sie zukommen. Doch je mehr soziale Leistungen gestrichen werden und je mehr Steuern verlangt werden, desto eher werden diese Menschen um ihre Illusion gebracht. Es ist daher besser, jetzt das Ruder selbst in die Hand zu nehmen und nicht auf andere zu warten. Den Weihnachtsmann mit einem Sack voller Geschenke gibt es nur im Film. Wenn wir uns nicht selber beschenken, macht es auch kein anderer. Network-Marketing bietet einem die besten Chancen. Man kann langsam anfangen und später als Millionär in Rente gehen. Dabei bleibt einem sogar noch die Wahl, Deutschland zu verlassen und sich ein Land nach Wahl auszusuchen. Ist es nicht traumhaft, allein die Gewissheit zu haben, seinen Lebensabend in einer Finca auf Mallorca verbringen zu können und nicht vom Wohl und Wehe einer Regierung abhängig zu sein? So wie Sie bereit sind, die Zügel selbst in die Hand zu nehmen, um in Richtung Erfolg zu steuern, steigt Ihre Unabhängigkeit. Dabei werden Sie sich immer wieder gegenüber Neidern, Spöttern und Besserwissern behaupten müssen. Die Welt ist leider voll davon. Auch mir blieb diese Phase nicht erspart. So war auch mein Vater von Anfang an gegen meinen „Job" bei LR. Er wollte, dass ich, so wie er, jeden Tag acht Stunden zur Arbeit gehe und am Monatsende ein Gehalt erhalte. Das sei sicher, meinte er. Ich kann ihm diese Meinung noch nicht einmal verübeln. Letztlich wollte er nur das Beste für mich und sah in einem festen Arbeitsplatz eher mehr Sicherheit als in einer Selbstständigkeit, wo man ja selbst und ständig arbeiten muss. Was auch stimmt. Denn zunächst musste ich wirklich alles alleine machen und das rund um die Uhr. Keine Freizeit, kein Urlaub, keine Partys. Ich sagte bereits, dass dieses Verhalten nicht ohne Folgen bleibt. Erst muss man sich mit einem Haufen Vorurteile plagen und wenn man es am Ende dann wirklich geschafft hat, sind es die selben Menschen, die einem diesen Erfolg nicht gönnen. Aus ihnen spricht der blanke Neid. Auch damit muss man sich als erfolgreicher Mensch auseinandersetzen. Sie nannten mich einen arroganten überheblichen Kapitalisten, der nur sein Geld im Kopf hat. Natürlich hatten sie Recht. Ich war sicher keineswegs arrogant, aber es wirkt so, sobald man bessere Kleidung trägt und ein größeres Auto fährt als der Durchschnitt. Ich sagte ja bereits, Neid muss man sich erarbeiten, Mitleid wird einem geschenkt. Erfolg kann auch einsam machen. Das ist auch mir nicht erspart geblieben. Viele Menschen meiden gerne Erfolgreiche, die aus ihrer Sicht anders sind als der Durchschnitt. In einem Punkt aber hatten meine Freunde und Bekannten recht: Ich hatte tatsächlich nur Geld im Kopf. Aber was ist daran schlecht? Wer viel Geld verdienen will, muss in den ersten Jahren an nichts anderes denken, als an Geld. Er muss diesem Ziel alle anderen Ziele unterordnen, sonst wird er es nie schaffen. Bekanntlich ist die erste Million noch immer die schwerste. Dabei übersehen die Menschen, den wahren Grund dafür. Lassen Sie mich das an einem Beispiel demonstrieren. Wenn Sie jeden Monat 1.000 Euro verdienen und diese 1.000 Euro nicht ausgeben, sondern Gewinn bringend anlegen, sagen wir zu 10 Prozent, dann brauchen Sie rund 24 Jahre, um dieses Ziel zu erreichen. Vorausgesetzt, Sie sparen und legen die ersparten Zinsen wieder an. Nach 24 Jahren sind Sie Millionär. Angenommen, Sie geben das ersparte Geld nicht aus und zahlen weiterhin 1.000 Euro zu 10 Prozent in den Sparstrumpf, dann haben Sie bereits nach 6,5 Jahren die zweite Million angespart. Jetzt sind Sie schon zweifacher Millionär und das in einem Viertel der Zeit. Richtig spannend aber wird es, wenn Sie die dritte Million Ihr Eigen nennen wollen, dann brauchen Sie nämlich nur noch vier Jahre und Sie haben dieses Ziel erreicht. Machen Sie zu den gleichen Bedingungen weiter, dann haben Sie Ihre vierte Million nach rund 3 Jahren auf dem Konto. Diese Zahlen verdeutlichen, dass es umso leichter wird, je mehr Geld Sie angelegt haben. Je eher Sie die erste Million angespart haben, desto kürzer werden die Zeitabstände zwischen den nächsten Millionen. Da liegt

Der Duft des Erfolgs

es doch auf der Hand, in jungen Jahren richtig Gas zu geben, einen guten Job zu machen, um die Früchte seiner Arbeit nicht erst im hohen Rentenalter, wenn man eh vor lauter Gebrechlichkeit nicht mehr geradeaus laufen kann, zu genießen. Mit dem obigen Rechenbeispiel wollte ich Ihnen aufzeigen, wie sich Ihr Verdienst gepaart mit dem Zinses-Zins-Effekt zu einem echten Vermögen entwickeln kann. Dabei haben wir es selber in der Hand, ob wir für die erste Million wirklich 24 Jahre warten oder nicht schon wesentlich eher darüber verfügen wollen. Auch das ist kein Ding der Unmöglichkeit. Sie müssen Ihre Ziele nur anderes definieren, um Sie zu erreichen. Wichtig ist, dass Sie ein Ziel haben und es nicht aus den Augen verlieren. Auch ich habe meine Ziele Schritt für Schritt geplant. Wenn ich das Anvisierte fast erreicht hatte, setzte ich mir ein neues Ziel. Zunächst wollte ich Orgaleiter werden. Als feststand, dass ich in wenigen Wochen dieses Ziel erreicht haben werde, legte ich das nächste Ziel fest: Bronze-Orgaleiter und so nahm ich Schritt für Schritt jedes Ziel:

Berater seit	: Februar 1990
21%-Stufe	: November 1990
Orgaleiter	: Juni 1991
Bronze-Orgaleiter	: November 1991
Silber-Orgaleiter	: Dezember 1992
Gold-Orgaleiter	: März 1995
Platin-Orgaleiter	: Juli 1996
Vizepräsident	: März 2000
LR-Bonusmillionär	: seit 1996

… und jetzt der am besten verdienende LR-Networker

Das Geheimnis besteht darin, sich immer wieder realistische Ziele zu setzen, die zum einen erreichbar und zum anderen aber auch nicht zu tief gestapelt sind. Viele Networker machen den Fehler, dass sie sich nur sehr kleine Ziele setzen. Sie wollen 200 Euro im Monat verdienen und schaffen dieses Ergebnis bereits mit einem Kontakt, was nicht sonderlich schwer ist. Dann ist es doch kein Wunder, wenn die weiteren Anstrengungen ausbleiben, weil der

Der Duft des Erfolgs

Mensch tendenziell dazu neigt sich auszuruhen, wenn er ein bestimmtes Pensum erreicht hat. Deshalb möchte ich Ihnen dringend anraten, Ziele so zu definieren, dass sie realistisch sind, aber gleichzeitig auch den Ansporn für mehr Leistung in sich tragen. Nur dann können Sie es bis ganz nach oben schaffen.

Wenn Sie bereits nach 10 Jahren über die erste Million verfügen möchten, was mit LR nie ein Problem ist, dann müssen Sie nur Ihren Verdienst erhöhen, um daraus den Anteil der Sparleistung zu bedienen. Wenn Sie nämlich monatlich 5.000 Euro sparen und auf Ihre Einzahlungen zehn Prozent Zinsen erhalten, sind Sie nach zehn Jahren im Besitz der ersten Million. Nach weiteren fünf Jahren sind Sie bereits zweifacher Millionär. Ist dieses Ziel nicht all die Anstrengungen wert? Wer hier noch mit einem klaren „Nein" antwortet, hat entweder nicht verstanden, worum es geht oder er hat kein Bedürfnis, sein Leben zu verändern. Denn merke: Es ist immer bequem, so weiterzumachen wie bisher. Doch wenn Sie so weitermachen wie bisher, werden Sie auch genau die Ergebnisse wie bisher erhalten. Sie entscheiden, kein anderer!

Natürlich sind unsere Ziele nicht statisch. Sie sind Wünsche und Vorboten unserer Talente, die in uns stecken. Ein guter Networker ist immer in der Lage, sein großes Ziel nicht aus den Augen zu verlieren, gleichzeitig aber die Entscheidungen zu treffen, die im Augenblick von ihm gefordert werden. Ich wollte immer Profifußballer werden, um damit Millionen zu verdienen. Es reichte leider nur zu einer Karriere beim heimatlichen Fußballverein. Aber das Ziel viel Geld zu verdienen, gab ich nie auf. Ich musste meine Strategie auf dem Weg zum großen Geld ändern. Ich wollte endlich raus aus all dem Schlamassel. Endlich ein Adler sein, frei und unabhängig sein und nicht dauernd mit den Hühnern im Dreck scharren. Deshalb gab ich Gas und konnte bereits nach drei Jahren LR-Tätigkeit einen Scheck von mehr als 21.000 Euro in Empfang nehmen. Dabei handelte es sich um einen zusätzlichen Jahresbonus. Dabei darf nicht übersehen werden, dass ich ja über die Monate bereits fünfstellig verdiente. Und so ging es weiter. Drei Jahre später hielt ich meinen „Silvester-Bonusscheck" über 80.000 Euro in den Händen. Wieder drei Jahre später waren es bereits mehr als 170.000 Euro. Wer die LR-Veranstaltungen aufmerksam verfolgt, wird wissen, wo ich heute stehe. Und nun frage ich Sie noch einmal: Sehen Sie nun, wie realistisch es ist, seine erste Million zu verdienen?

Zehn Jahre nach meinem Start bei LR war ich ganz oben. Endlich Vizepräsident. Jetzt, wo ich ganz oben stehe, schauen viele Menschen nach oben und bewundern mich. Dabei vergessen Sie, dass ich nur die Früchte meiner Arbeit ernte. Niemals verleugne ich meine Herkunft. Denn ich bin, wie man heute sagen würde, ein türkisches Arbeiterkind und in einer einfachen Reihenhaussiedlung groß geworden. Hier wohnten neben sehr vielen Ausländern auch sehr viele sozialschwache Mieter. Diese Menschen sind mir nicht unbedingt unsympathisch, doch ein jeder weiß, dass es schon einen Unterschied gibt, zwischen einer bürgerlichen Wohnsiedlung und einer Arbeitersiedlung und man sich bestimmten negativen Einflüssen nicht entziehen kann. Mein Kinderzimmer musste ich mir mit meinen drei Brüdern teilen. Wir hockten bei schlechtem Wetter oft zu viert in der engen Bude. Sie können sich sicher vorstellen, wie mir da zumute war. Schon in diesen jungen Jahren reifte in mir der Entschluss, eine solche Erfahrung meinen Kindern ersparen zu wollen. Ich spielte deshalb so oft es ging draußen, oft bis in den späten Abend. In den Wintermonaten war es mir ein Gräuel, durch die dunklen langen Straßen laufen zu müssen. Ich hatte immer irgendwie Angst davor, dass gleich jemand Böses um die Ecke kam und es auf mich absah. Innerlich regte ich mich immer wieder über meinen Vater auf, dass er es nicht zu mehr gebracht hatte. Mir war schon klar, dass er sich anstrengte, damit wir ein normales Leben führen konnten. Aber es reichte eben nicht aus, um etwas mehr zu haben, als das Nötigste.

Ein Schlüsselerlebnis prägt mich und ich komme nicht umhin, Ihnen davon zu erzählen. Ich hatte einen Klassenkameraden, der mich zu sich nach Hause einlud. Er war der Sohn eines Arztes und wohnte in einer vornehmen Gegend. Schon auf den Weg zu ihm fiel mir auf, dass er sprichwörtlich im Grünen lebte. Ich sah grüne Rasenflächen und viele grüne Bäume. Das hatte bei mir einen nachhaltigen

Der Duft des Erfolgs

Eindruck hinterlassen. Denn bei uns zu Hause war alles grau in grau, viel Beton und viele Doppelgaragen. Ich klingelte an der großzügigen Eingangstür. Die Mutter meines Freundes öffnete die Tür. Sie war freundlich und nett. Als erstes bekamen wir heißen Kakao und Kuchen. Dann gingen wir in den Keller. Bisher waren Kellerräume für mich kleine, muffige Nischen gewesen. Hier sah ich zum ersten Mal, dass es auch riesengroße Kellerräume gab, die wie Wohnzimmer aussahen. In einem solchen großen Raum stand eine große Eisenbahnanlage vom Feinsten. Wir spielten den ganzen Tag mit dieser Eisenbahn. Selten hatte ich soviel Spaß wie an diesem Tag. Dann wurde es Abend und die Mutter meines Klassenkameraden bat mich, nach Hause zu gehen. Ich machte mich sodann auf den Weg und je näher ich meinem Zuhause kam, desto bedrückender wurden die Gefühle. Ich war zurück in der kalten, grauen Betonwüste. In der Wohnung angekommen fragte ich sofort meinen Vater, warum wir all die Dinge nicht haben, die andere haben. Ich fragte ihn, warum wir nicht in einem so schönen Haus wohnen wie mein Klassenkamerad. Ich wollte auch eine Eisenbahn und einen großen Raum nur für mich. Ich bombardierte meinen Vater mit diesen Fragen und er sagte nur einen Satz, der mich bis heute nicht loslässt: „Ich habe im Leben nie eine Chance bekommen." Das war so bitter und ich schwor mir, dass ich meinen Kindern niemals eine solche Antwort geben werde. Niemals sollte dieser Satz als Alibi für mein eigenes Versagen stehen. Diesem Grundsatz bin ich mir bis heute treu geblieben. Auch deshalb habe ich dieses Buch geschrieben, um Ihnen zu zeigen, dass auch Sie die Chance auf ein erfolgreiches Leben haben. Ich möchte Ihnen die Möglichkeit geben, von meinen Erfahrungen zu profitieren, indem Sie mit dem richtigen Wissen gleich erfolgreich starten und viele Fehler, die ich erst machen musste, vermeiden. Zögern Sie nicht und nutzen Sie die Möglichkeit, Ihr Leben mit LR grundlegend zu verändern. Nehmen Sie mit mir oder LR Kontakt auf und starten Sie jetzt. Es ist die Chance Ihres Lebens.

Heute ist mir klar, dass man als Kind seine Umgebung nur bedingt verändern kann. Aber als Erwachsener sollte man nichts unversucht lassen, dass Leben so zu leben, wie es einem gefällt. Dabei spielt es keine Rolle, woher man kommt und welche Schulbildung man hat.

Der Duft des Erfolgs

Auch ich war in der Schule alles andere als fleißig und nicht ein Kind, von dem die Lehrer meinten, mir würde eines Tages die Welt offen stehen. Um diesen Ärger halbwegs zu verarbeiten, versuchte ich immer wieder, mich den anderen Freunden, die aus einem gut betuchten Haus kamen, anzupassen. Wie lächerlich aber muss es damals gewirkt haben, als meine Freunde Adidas Turnschuhe trugen und ich nur Turnschuhe mit zwei Streifen. Ich kaufte mir einen dicken Edding-Stift und zeichnete den fehlenden dritten Streifen einfach auf die Schuhe. Bei Sonnenschein funktionierte es dann auch problemlos. Bekanntlich folgt jedem Sonnenschein auch einmal Regen. Ich erinnere mich noch sehr gut an den Moment, als es in einer Schulpause zu regnen anfing. Die Schuhe wurden nass und der nicht wasserfeste Edding-Strich zerfloss über meinen Schuhen. Sie können sich vorstellen, wie ich mich fühlte. Doch ich wollte mir auch Dinge kaufen können, die einem das „Ich gehöre dazu" Gefühl gaben. Deshalb ging ich nach der Schule häufig in eine Gärtnerei, um überhaupt ein bisschen Geld zu haben. Denn von zu Hause bekam ich weder die richtige Kleidung noch ein Taschengeld. Ich war immer auf mich allein gestellt und musste zusehen, wie ich die Dinge kaufen konnte, die ich haben wollte. Wenn Sie diesen Frust vor sich herschieben, ständig arbeiten gehen müssen, um etwas Geld zu haben, und sich niemand aus der Familie darum kümmert, wie man in der Schule klarkommt, wird es schwierig, ein guter Schüler zu sein. Es dürfte Sie nicht verwundern, dass ich in den Hauptfächern eher ein schlechter Schüler war. Dagegen lagen mir die Fächer Sport und Kochen sehr. Damit aber ließ sich bekanntlich kein Blumentopf gewinnen, und mir war schon klar, dass ich mit diesem Zeugnis niemals für größere Aufgaben berufen war. Scheinbar. Denn erstens kommt es anders als man zweitens denkt! Ich wäre damals schon froh gewesen, wenn meine Eltern meine Hausaufgaben kontrolliert hätten. Aber selbst dazu kam es nicht.

Natürlich ist es schwer, seine Herkunft zu leugnen. Aber noch schwerer ist es mitunter, sein bisheriges Umfeld zu verlassen. Zu groß ist die Gefahr, in diesem Sumpf gefangen zu bleiben. Ich las in diesem Zusammenhang einmal eine Reportage von Zwillingen, die einen alkoholabhängigen Vater hatten. Die beiden Jungen entwickelten sich total unterschiedlich. Der eine strengte sich an, studierte und wurde später Rechtsanwalt. Dem anderen war alles egal. Er verfiel ebenfalls dem Alkohol. Die Zwillinge wurden später einmal befragt, wie es denn dazu kommen konnte, dass der eine ein angesehener Rechtsanwalt wurde und der andere ein Alkoholiker. Dabei antworteten beide: „Kein Wunder, bei dem Vater." Hier wird doch deutlich, dass beide Recht hatten, aber jeder für sich es anders auslegte. Der erfolgreiche Rechtsanwalt empfand sein kindliches Zuhause und im Besonderen seinen Vater so erdrückend, dass er alles daran setzte, diesem Milieu zu entkommen. Was ihm dann auch gelang. Nicht so zu enden, wie sein Vater, war ihm Ansporn genug, Rechtsanwalt zu werden. Der Zwillingsbruder wählte dagegen den „Ich kann ja nichts dafür" Weg. Sein schlechtes Elternhaus, der Vater Alkoholiker und auch er eine Niete. Kein Wunder, dass daraus ein Alkoholiker wird. Hier bewährt sich wieder einmal mehr, dass jeder seines Glückes Schmied ist.

Auch ich hatte die Möglichkeit zu resignieren und das gleiche Leben zu führen wie mein Vater. Doch das wollte ich nicht. Mir war schon klar, dass ich erst einmal eine Ausbildung machen musste, um dann später zu schauen, womit ich wirklich viel Geld verdienen konnte. Mir war auch klar, dass ich nicht als Maschinenführer in einer vermeintlich sicheren Firma mit mehr als 800 Angestellten mein Dasein fristen wollte. Noch heute fahre ich an dieser Firma vorbei. Wobei das natürlich nicht ganz richtig ist. Ich fahre nämlich an dem ehemaligen Firmensitz vorbei. Denn in der Zwischenzeit ging die Firma in den Konkurs, alle Angestellten verloren ihren Arbeitsplatz und das gesamte Gelände wurde dem Erdboden gleich gemacht! Ich finde diese Entwicklung bitter. Mir tun die Menschen Leid, die ihren Arbeitsplatz verloren haben und an ihrem Heimatort keinen neuen Job finden, weil immer mehr Firmen Personal abbauen. Ich empfinde auch keine innere Befriedigung, dass meine damaligen Arbeitskollegen, die mir meine LR-Tätigkeit verleiden wollten, heute auf der Straße stehen. Aber diese Entwicklung beweist doch einmal mehr, dass nichts, aber auch wirklich gar nichts mehr sicher ist. Heute gehört die Zukunft den Menschen, die mutig und entschlossen ihren eigenen Weg gehen. Ein Indianisches Sprichwort sagt so treffend:

Der Duft des Erfolgs

„Wenn du nur den Bärenspuren im Schnee folgst, siehst du nicht das Kaninchen gleich hinter dir." Natürlich möchte ich an dieser Stelle unterstreichen, dass nicht alles schlecht war in meinem Elternhaus. Schließlich wuchs ich schon behütet auf und hatte eine ganze Reihe von Geschwistern, mit denen ich etwas unternehmen konnte. Doch wenn ich eine Gesamtnote vergeben sollte, dann käme ich auf ausreichend. Andererseits wäre es einfach zu billig, von einer schlechten Kindheit zu sprechen. In unserer aufgeklärten Welt sind doch die meisten heutigen Kinder mit zehn Jahren soweit, dass Sie alles schlecht finden, was von den Eltern kommt. Aus mir spricht ein wenig die Enttäuschung, weil weder Vater noch Mutter hinter meiner Aufgabe bei LR standen. Sie fanden bis zu ihrem bitteren Tod durch einen tragischen Verkehrsunfall kein Verständnis für diese meine Tätigkeit. Vielleicht, weil Sie nie begreifen konnten, dass ich es zu mehr Geld brachte als mein Vater. Es war für mich eine Selbstverständlichkeit, die Familie zu unterstützen, nachdem ich viel Geld verdiente. Ich gab immer einen Teil ab, damit Vater und Mutter es einmal besser haben sollten. Sie nahmen das Geld natürlich gerne an, lehnten LR aber gleichzeitig ab.

Wer nun aber glaubt, mit Geld ließe sich alles und jedes regeln, irrt gewaltig. Es kommt sicherlich entscheidend darauf an, Geld zu besitzen, weil man dann einfach weniger Sorgen hat. Das ist nun einmal so und man wird sich schwer tun, mir dass Gegenteil beweisen zu können. Mit Geld lassen sich auch Schmerzen und Leid lindern. Diese bittere Erfahrung musste ich mit meinem Bruder durchmachen. Durch einen schweren Verkehrsunfall wird er Zeit seines Lebens an einen Rollstuhl gefesselt sein. Der Unfall passierte schuldlos in jungen Jahren. Aus diesem Grund gab es weder nennenswerte Sparrücklagen noch ausreichende Versicherungen. Er war auf fremde Hilfe angewiesen. Wegen ihrer geringen Einnahmen konnten unsere Eltern ihn nur bedingt pflegen bzw. unterstützen. Deshalb nahm ich meinen Bruder nebst Familie zu mir auf. Wir bauten ein behindertengerechtes Haus. In der rechten Hälfte lebe ich, in der linken Haushälfte lebt mein Bruder mit seiner Familie (Frau und zwei Kinder). Natürlich lassen wir es uns dieser Villa gut gehen. Schließlich habe ich es mir verdient! Es gibt im Keller einen Pool mit einer 25 Meterbahn sowie eine eigene Wellness-Oase. Alles ist rollstuhlgerecht eingerichtet, vom Keller bis zum Obergeschoss.

Natürlich unterstützt mich mein Bruder bei meiner Arbeit, denn durch den Job bin ich sehr stark angespannt und er versucht, mir viele administrative Arbeiten abzunehmen. Auch hier wäscht eine Hand die andere. Ich würde mir wünschen, dass mein Bruder wieder laufen kann. Doch dazu würde alles Geld der Welt nichts nützen. Diese Lähmung lässt sich nicht korrigieren. Mit dem verdienten Geld aber kann ich ihm ein erträglicheres Leben ermöglichen. Es bedarf nicht erst solcher Schicksalsschläge, um zu wissen, das Geld das Leben erträglicher macht. Es gibt keine objektive Welt. Die Welt ist immer das, was wir von ihr denken. Denken Sie gut über die Welt, dann werden Sie auf gute Ereignisse treffen. Wenn Sie der Meinung sind, dass Geld schlecht ist und die Menschen, die Geld haben, ebenso, dann werden Sie Recht haben. Sie werden auf Menschen treffen, die Geld ablehnen und auch kein Interesse haben, mit Ihnen über das Geld zu sprechen. Schlimmer noch. Wenn Sie Geld ablehnen, selbiges in der Tasche haben, setzen Sie sich der Gefahr aus, dieses Geld zu verlieren. Entweder durch den Verlust Ihrer Brieftasche oder aber durch unvorhergesehene Ausgaben. Geld, was

Der Duft des Erfolgs

Sie innerlich ablehnen, wird nie zu Ihnen kommen, weil es sich bei Ihnen nicht wohl fühlt. Klingt irgendwie esoterisch, ist aber ernst gemeint. Denn Geld unterliegt eigenen Gesetzen. Geld verhält sich uns gegenüber wie Menschen. Wenn Sie einen Menschen mögen, dann fühlt er sich in Ihrer Umgebung wohl. Lehnen Sie diesen Menschen innerlich ab, weil Ihnen die Nase nicht passt, wird auch dieser Mensch in Ihrer Nähe ein ungutes Gefühl haben. Was immer Sie tun oder denken, Sie haben Recht. Sie haben es in der Hand, wie und was Sie denken. Der irische Dramatiker Georg Bernard Shaw spricht mir aus dem Herzen, als er einmal sagte:

> *„Manche Menschen sehen die Dinge, wie sie sind und fragen: Warum? Ich träume von Dingen, die es noch nie gegeben hat und frage: Warum nicht?"*

Sie sind als Mensch unwahrscheinlich mächtig und großartig. In dem Augenblick, wo Sie davon überzeugt sind, reich und stark zu sein (oder noch zu werden?), haben Sie gewonnen, und die Reaktion der Außenwelt folgt auf dem Fuße. Wenn Sie Ihre finanzielle Freiheit erreichen und erhalten wollen, müssen Sie als erstes bei sich anfangen. Sie allein sind für Ihre jetzige Situation verantwortlich. Nicht Ihre Eltern, Ihre Geschwister, Ihre Lehrer oder Ihr Chef. Nein! Sie ganz allein. Ändern Sie zunächst Ihre Einstellung und leben Sie danach. Je mehr Sie von dem, was Sie tun, überzeugt sind, desto mehr positive Veränderungen werden möglich und so können auch Sie eines Tages auf der Bühne stehen und Autogramme verteilen, weil die Menschen sie mögen. Ich erinnere mich noch sehr gut an unseren StarDay 2003 in der Dortmunder Westfalenhalle. Ich stand mit Boris Becker auf der Bühne und die Anwesenden reichten mir ihre Eintrittskarten für ein Autogramm. Ich schrieb pausenlos meinen Namen auf die Eintrittskarten. Boris Becker stand nur daneben und schüttelte ungläubig seinen Kopf, während sein Manager hilflos zu klären versuchte, warum die Menschen ausgerechnet von mir Autogramme wollten.

Der Duft des Erfolgs

Ich möchte nicht überheblich sein, aber selbst Kinder schreiben mir Briefe und malen mir schöne Bilder. Das erfüllt mich mit Stolz. Nur beispielhaft möchte ich Ihnen zwei davon zeigen:

Sagen Sie ehrlich, ist das nicht eine wunderbare Geste? Es gibt für mich keinen eindrucksvolleren Beweis, dass meine Entscheidung für LR-International die beste Entscheidung meines Lebens war.

Der Duft des Erfolgs

Ich kenne niemanden, der sich für Network-Marketing interessiert

Das weiß ich! Als ich anfing, kannte ich auch niemanden. Bei mehr als achtzig Millionen Menschen in Deutschland ist die Wahrscheinlichkeit natürlich sehr groß auf Menschen zu treffen, die das Network-Marketing noch nicht kennen. Es ist ja gerade Ihr Job, diesen Menschen von Ihrem Geschäft zu erzählen. Network-Marketing ist deshalb so interessant, weil Sie einen schier unerschöpflichen Markt vor sich haben. Sie können praktisch jedem etwas verkaufen, genauso wie jeder praktisch Ihr Partner werden kann.

Kontakte sind in unserer Branche das A & O und es geht nichts über die Direktansprache. Ich habe in den letzten Jahren alles ausprobiert. Von Anzeigen, über Zeitungsinserate und so genante Flyer. Diese Maßnahmen bringen kaum nennenswerte Kontakte. Deshalb eignen sie sich eher als begleitende Maßnahme, aber sie ersetzen niemals die Direktansprache.

Als ich anfing, mein LR-Geschäft aufzubauen, hatte ich natürlich kein Geld, um teuere Anzeigen zu schalten, geschweige denn Geld für hochwertige Farbprospekte. Auch war ich nicht in der Lage, in teuren und schönen Hotels Seminarräume anzumieten, um mein Geschäft vorzustellen. Aus der Not machte ich eine Tugend und dachte mir, wenn der Prophet nicht zum Berg kommt, muss der Berg eben zum Propheten kommen. Ich sprach Menschen auf der Straße an und erzählte ihnen etwas von meinem Geschäft. Ich vermittelte ihnen den Eindruck, dass ich sehr erfolgreich war. Insofern war es dann auch ein leichtes, bei meinen Gesprächspartnern einen Termin in deren Wohnung zu bekommen. Sie fassten es schon als Ehre auf, dass ich mich persönlich bemühte, sie aufzusuchen. Somit hatte ich gleich zwei Fliegen mit einer Klappe geschlagen. Sie fühlten sich durch meinen Besuch geschmeichelt, und ich sparte erhebliche Kosten, weil keine Seminarräume angemietet wurden. Es gibt für mich keinen billigeren und einfacheren Weg als die direkte Ansprache potentieller Geschäftspartner. Ich verdanke meinen Erfolg ausschließlich dieser Fähigkeit, unbefangen und direkt auf Menschen zuzugehen und ihnen von meinem Geschäft zu erzählen. Dabei habe ich immer wieder die Erfahrung gemacht, dass die Menschen mir gern zuhören, nicht weil ich Ilhan Dogan bin, sondern weil ich der erfolgreiche Ilhan Dogan bin. Bekanntlich ist aller Anfang schwer und so brauchte ich schon einige Monate, bis ich die erste Struktur zusammen hatte. Heute ist es viel einfacher. Es ist wie die erste Million. Denken Sie an meine vorherige „Millionen-Berechnung", aus der Sie entnehmen konnten, warum die erste Million die schwerste ist und jede weitere Millionen einfacher und schneller erreicht wird. Die ersten tausend Kontakte sind die schwierigsten, doch wenn diese Hürde geschafft ist, ist alles andere ein Kinderspiel. Heute steigen bei mir monatlich rund 6.000 Menschen ein. Wohl gemerkt: Pro Monat! Diese Entwicklung verläuft nicht mehr linear, sondern expotentiell. Nicht reden, sondern anfangen ist das Gebot der Stunde. Am Ende werden auch Ihre Ergebnisse gewaltig sein. Sie werden alle Ziele erreichen, wenn Sie alle Möglichkeiten der Direktansprache nutzen. Denn merke:

„Der schlechteste Kontakt ist der, den du nicht machst"

Dabei sollten Sie die Angelegenheit unvoreingenommen in Angriff nehmen. Am besten legen Sie zu Beginn zwei Listen an. In die eine Liste tragen Sie die Namen der Leute ein, von denen Sie glauben, dass diese an einem guten Geschäft interessiert sind. In die zweite Liste tragen Sie die Namen potentieller Geschäftspartner ein, von denen Sie glauben, dass diese Personen niemals mitmachen werden. Dann setzen Sie sich hin und telefonieren beide Listen ab. In diesen Listen müssen nicht unbedingt Verwandte und Bekannte stehen. Das können Menschen aus indirekten Beziehungen sein, die Sie direkt ansprechen. Von der Bäckereiverkäuferin, über den Tankwart, bis hin zum Gärtner. Alles Menschen, mit denen Sie mehr oder weniger öfter in Kontakt kommen. Ergänzen Sie die Listen fortlaufend. Nehmen Sie Bleistift und Papier und schreiben Sie immer alle Namen auf, die Ihnen spontan in den Sinn kommen. Egal, wer es auch sein mag. Urteilen Sie nicht. Schreiben Sie die zwanzigjährige Verkäuferin genauso auf, wie den fünfundvierzigjährigen Bundeswehrsoldaten. In Ihrem Job ist Flexibilität gefragt. Sie müssen mit jeder

Der Duft des Erfolgs

Art von Menschen kommunizieren können. Erfolg kennt keine Grenzen. Wenn Sie einem erfolgreichen Unternehmer gegenüber stehen, müssen Sie in der Lage sein, ihm genauso von Ihrem Geschäft erzählen zu können, wie dem Müllwerker. Sie dürfen niemals Hemmungen haben. Denken Sie immer daran: Niemand wird Ihnen eine Aktentasche um die Ohren schlagen, sondern auf Ihre Frage nur mit einem „Ja" oder „Nein" antworten. Das ist schon alles. Am Ende werten Sie die Listen aus. Das Ergebnis wird Sie verblüffen. So war es auch bei mir. Ich hatte mehr Erfolg bei den Personen, von denen ich glaubte, sie eh nicht gewinnen zu können. Von den Menschen, von denen ich fest überzeugt war, sie würden mitziehen, haben mich die meisten versetzt.

Grundsätzlich ist es leicht, auf andere Menschen zuzugehen, aber es gibt ein paar Regeln, die Ihnen Ihre Kontaktaufnahme erleichtern helfen. Die drei wichtigsten Grundregeln für den Umgang mit Menschen habe ich nachstehend zusammengefasst:

1. Nehmen Sie die Bedürfnisse der Menschen ernst

   Jeder Mensch hat Bedürfnisse, Empfindungen und Ziele. Das hat schon der amerikanische Psychologe Abraham Maslow entdeckt. Er fand heraus, dass sich menschliche Bedürfnisse nach einer bestimmten Rangordnung einteilen lassen. Dabei sind alle Bedürfnisse in mehreren Schichten angeordnet und ergeben in ihrer Gesamtheit das Bild einer Pyramide. Deshalb spricht man auch von der Maslowschen Bedürfnispyramide. Hat der Mensch eine Stufe erreicht, ist sein Bestreben, die nächste höhere Stufe zu erreichen. Für Ihren Kontakt ist es wichtig zu wissen, auf welcher Stufe Ihr Gesprächspartner steht. Wenn Sie diese Position erkennen, wird sich Ihr Gesprächspartner Ihnen gegenüber leichter öffnen, weil Sie ein Thema ansprechen, dass ihn interessieren wird. Dabei kommt es entscheidend darauf an, dass Sie genau zuhören, um nichts Falsches zu sagen. Ein Mensch, der noch kein eigenes Dach über dem Kopf hat, weil er noch zur Miete wohnt, würde sich wohl kaum für einen eigenen Wintergarten interessieren. Grundsätzlich unterstelle ich, dass jeder Mensch die erste Stufe hinter sich hat. Denn diese Stufe steht für die Befriedung der niedrigsten Bedürfnisse wie Trinken, Essen, Schlafen und Sexualität. Die zweite Stufe steht für die Sicherheit. Diesen Bereich unterteile ich in zwei untere Bereiche, und zwar in die abstrakte Sicherheit, damit meine ich die materielle und berufliche Sicherheit. Und die konkrete Sicherheit. Darin sehe ich das Bedürfnis nach einem Dach über den Kopf und Absicherung des Lebens durch entsprechende Versicherungen. Mit LR habe ich einen Partner an meiner Seite, der mir genau diese Sicherheiten bietet, auch wenn es auf den ersten Blick nur nach einer beruflichen Sicherheit aussehen mag. LR zählt zu den größten und profitabelsten Network-Unternehmen und ist damit eine sichere Basis für alle Networker. Im weitesten Sinne bietet mir LR auch ein Dach über dem Kopf. Durch das faire Provisionssystem ist es mir möglich, jederzeit eine gute Wohnung zu mieten. Ich bin nicht gezwungen, in eine Wohnsiedlung ziehen zu müssen. Die dritte Stufe der Pyramide steht für soziale Bedürfnisse. Damit ist in erster Linie die Partnerschaft, aber auch die Kommunikation gemeint. Auch hier findet jeder Mensch bei LR die idealen Voraussetzungen. LR bietet eine faire Partnerschaft, Seminare und Veranstaltungen. Nicht selten sind hier schon Freundschaften fürs Leben entstanden. Richtig interessant aber wird es auf der vierten Stufe, die für die soziale Anerkennung steht. Im negativen Sinne steht diese Stufe für Macht, im positiven Sinne für Selbstachtung. Bei LR kann es jeder Mensch, egal aus welchen sozialen Schichten er auch kommen mag, zum Präsidenten bringen. Nennen Sie mir ein klassisches Vertriebsunternehmen, wo Sie als einfacher Verkäufer die Chance habe, höher zu stehen als der Verkaufsleiter oder Abteilungsleiter. Bei LR ist das möglich. Selbst ohne Ausbildung können Sie es bis zum Topmanager schaffen, sehr viel Geld verdienen und ein Auto fahren, wovon selbst Generaldirektoren großer Unternehmen nur träumen. Abschließend möchte ich natürlich nicht die fünfte Stufe versäumen. Diese steht für die Selbstverwirklichung und Selbstlosigkeit. Noch immer

Der Duft des Erfolgs

rümpft man in Deutschland die Nase, wenn ein Mensch viel Geld verdient. Doch ich habe Ihnen an anderer Stelle bereits gesagt, dass es Menschen mit Geld sind, die diesen Staat am Leben erhalten, und nicht die Schmarotzer, die dieses System ausbeuten. Damit wir uns richtig verstehen. Ich wende mich nicht gegen Menschen, die unverschuldet in Not geraten sind und nun die Hilfe der Solidargemeinschaft brauchen. Aber immer mehr Menschen nutzen dieses System schamlos aus. Ursprünglich war es gedacht, diesen Menschen eine Unterstützung zu geben, um die schlimme Zeit besser zu überbrücken. Von Ausruhen und schamlosem Ausbeuten war nie die Rede. Aber was soll's. Solange der Staat diese Möglichkeiten einräumt, solange wird sich auch nichts ändern. Aber zurück zu den Menschen, die wegen ihrer Leistungsfähigkeit eben die fünfte Stufe erreicht haben. Sie haben die Möglichkeit, einen Teil ihres Vermögens für karitative Zwecke zu spenden, um damit der Gesellschaft etwas Gutes tun. Darüber hinaus können sie sich selbst verwirklichen und das tun, wozu sie schon immer Lust hatten. Die allerwenigsten deutschen Angestellten können weder vor der Rente noch nach der Rente das tun, wovon sie träumen: In der Sonne liegen und das Leben genießen. Die Sonne scheint in Deutschland zu wenig, so dass man in den Süden fliegen muss. Das kostet Geld, viel Geld. Geld, was die deutschen Rentner wohl kaum haben werden. Wer es bei LR in die Führungsposition geschafft hat, kann jederzeit aussteigen und das Leben von seiner schönsten Seite genießen, auch oder gerade im Süden. Ich frage Sie daher nochmals: Was ist gerechter? Armut oder Reichtum? Ein reicher Mensch fällt weder den Sozialkassen noch den Rentenkassen zur Last. Er wird soviel Geld verdient haben, dass er für sich ganz alleine sorgen kann. Ist das nicht eine wunderbare Aussicht? Frei und unabhängig zu sein und nur noch das zu tun, wonach das Herz sich sehnt. Mit LR habe ich dieses Ziel schon heute erreicht. Ich kann Ihnen nur empfehlen, es mir gleich zu tun. Es lohnt sich. Ob Sie es mir glauben oder nicht. Wenn Sie es geschafft haben, werden Sie überrascht sein, dass Sie gar keine Lust haben werden, den Müßiggang zu frönen. Im Gegenteil. Erfolg macht süchtig und Sie werden sehen, dass Sie ab diesem Zeitpunkt nur noch arbeiten, weil Sie Spaß und Freude haben und nicht mehr, weil Sie es müssen. Das ist die höchste Form der Selbstverwirklichung.

Ach übrigens. Es gibt Menschen, die werfen mir immer wieder vor, ich könnte den Hals nicht voll genug bekommen. Denn ich habe weltweit die größte Struktur selbstständig arbeitender Führungskräfte aufgebaut und das sollte doch mehr als genug sein. Keine LR-Struktur hat mehr Leute, die so früh so selbstständig arbeiten. Abgesehen davon, dass ich mich grundsätzlich nicht mit Neidern unterhalte, so möchte ich hier nochmals ausdrücklich betonen, dass ich diesen Job mache, weil ich ihn liebe. Zu Beginn meiner LR-Tätigkeit wollte ich nur Geld verdienen, wie die meisten. Heute will ich natürlich auch Geld verdienen, jede andere Behauptung wäre gelogen. Doch eigentlich habe ich genug verdient, so dass ich mich schon jetzt zur Ruhe setzen könnte. Doch ich habe so viel Spaß daran im LR-Team zu arbeiten, dass ich einfach nicht aufhören kann. Ich bin froh, dass es noch keine Vergnügungssteuer aufs Arbeiten gibt, denn dann müsste ich hier einige Millionen zahlen. Sobald sich die ersten Gewinne einstellen, werden auch Sie eine ganz andere und lockere Einstellung zum Geldverdienen bekommen.

2. Behandeln Sie alle Menschen zuvorkommend

Immer öfter spricht man in Deutschland von der Service-Wüste. Oft drängt sich der Eindruck auf, dass die Angestellten eines Unternehmens keine Vorstellung davon haben, wer ihnen eigentlich das Geld bringt. Es ist nämlich nicht der Chef, wie man glauben könnte. Es ist der Kunde, und kein anderer. Nur dann, wenn das Unternehmen einen guten Job macht, bezahlen die Kunden. Da muss es doch eine Selbstverständlichkeit sein, für jeden Kunden nur das Beste zu tun. Doch weit gefehlt. Wer heute in einer Bäckerei zwei Brötchen kauft, kann sich freuen, wenn die Verkäuferin ihn überhaupt eines Blickes würdigt oder einen guten Morgen wünscht. Haben Sie schon einmal versucht, ein defektes Gerät in einer Service-Filiale abzugeben? Da werden Sie behandelt wie der letzte Störfaktor. Dabei bietet doch jede Reklamation die Chance auf ein neues Geschäft. Die Dinge sind wirklich so einfach, wenn man sie nur umsetzen würde. Auch bei LR haben Sie Ihren Erfolg in der Hand. Niemand anderes ist für Ihren Erfolg verantwortlich. Je freundlicher Sie zu Ihren Kunden sind und je mehr Service Sie für Kunden und Geschäftspartner bieten, desto mehr Geschäft werden Sie machen. Denn merke: Verdienen kommt von dienen! Natürlich brauchen Sie es damit nicht so übertreiben, wie die Japaner, die vor lauter Höflichkeitsfloskeln nicht auf den Punkt kommen. Behandeln Sie die Menschen einfach so, wie Sie behandelt werden wollen, dann haben Sie schon mehr als neunzig Prozent aller Sympathien auf Ihrer Seite.

3. Machen Sie sich beliebt

Klingt ein wenig albern, sich beliebt zu machen, und es erinnert mich ein wenig an den großen Onkel, der dem Nachbarskind täglich ein paar Bonbons schenkt. Sie brauchen heute keine Geschenke verteilen. Beliebt machen Sie sich, indem Sie gut zuhören können und immer ein offenes Ohr für die Probleme der Menschen haben. Natürlich sollen Sie nicht den Seelentröster spielen, aber viele Menschen, die mir über den Weg gelaufen sind, hatten etwas auf dem Herzen, was Sie dringend loswerden wollten. Die einen hatten Probleme mit ihren Kindern oder am Arbeitsplatz, ein anderer wusste nicht, wie er die Miete zahlen sollte, etc. Sie dürfen nie vergessen, dass dahinter einzelne Schicksale stehen, und jeder Mensch sieht sein Schicksal als das größte an. Selbst ein Penner auf der Straße empfindet es als ungeheure Zumutung, wenn der Kiosk den Schnapspreis um 20 Cent anhebt. Was für Sie kein Problem wäre zu zahlen, ist für einige Penner ein großes finanzielles Desaster. Sich beliebt zu machen heißt deshalb, diese Sorgen ernst zu nehmen und Lösungen anzubieten. Natürlich sollte niemand die Heilsarmee spielen. Wenn sich ein Mensch für ein Leben auf der Straße entschieden hat, ist das aus meiner Sicht seine freie Entscheidung und ich würde einen Teufel tun, ihn von diesem Schritt abzuhalten. Es ist seine Entscheidung und ich werde sie respektieren.

Früher war man der Meinung, gute Verkäufer müssten gut und viel reden. Heute weiß man, dass nur der, der viel fragt, auch viele Antworten erhält. Wer dagegen quasselt wie ein Wasserfall erzählt viel von sich, erfährt aber nie etwas über seinen Gesprächspartner. Es liegt leider in der Natur des Menschen, sich wichtig zu machen. Deshalb reden Verkäufer gern viel über sich. Doch die Cleveren unter Ihnen wissen, dass auch die Kunden gern über sich reden wollen. Deshalb nutzen gute Verkäufer die Chance und lassen den Kunden quasseln bis zum Abwinken. So nebenbei wird er nicht nur viel von den Kunden erfahren, sondern im Besonderen auch über seinen Umgang mit Menschen. Dabei fallen weitere Namen, die für den Verkäufer von Bedeutung sein können. So nebenbei ergänzt man durch ein Gespräch seine Namensliste und bestärkt gleichzeitig den Kunden, indem man ihm geduldig zuhört. So einfach ist das. Was aber nicht heißt, dass man nun kommentarlos auf dem Sessel hockt und zu allem „Ja" und „Amen" sagt. Der Kunde ist natürlich König, aber nicht der liebe Gott. Sie dürfen in den Gesprächen durchaus Ihre Meinung sagen und anregend diskutieren. Das belebt jedes Gespräch. In die Königsklasse der Verkäufer steigen Sie auf, wenn es Ihnen gelingt, den Kunden immer wieder unterschwellig zu loben und ihn in seinem Verhalten zu bestätigen, vielleicht mit Sätzen wie: „Das haben Sie toll gemacht" oder „Ich wusste, Sie würden es schaffen" oder „Sie sind ein prima Partner, ich höre Ihnen gerne zu." Tragen Sie aber nicht zu dick auf und übertreiben Sie nicht. Bleiben Sie immer freundlich und positiv, auch wenn Ihre Stimmung auf dem Nullpunkt ist. Denken Sie immer daran: Nur ein Geschäft, das Sie zum Abschluss bringen, ist ein gutes Geschäft.

Der Duft des Erfolgs

Natürlich entscheidet auch Ihre Kleidung darüber, ob Sie sich beliebt machen oder nicht. Sie werden von Ihren Geschäftspartnern nicht ernst genommen, wenn Sie in den letzten Klamotten dahergelaufen kommen. Warum glauben Sie, tragen die meisten Banker, Verkäufer oder Führungskräfte dunkle Anzüge mit Krawatte? Es sieht zum einen gut aus und zum anderen fühlen sich die Menschen wohler, wenn ihnen gut gekleidete Menschen gegenübersitzen. Natürlich macht eine gute Kleidung allein noch keinen Supermann aus Ihnen. Wichtig ist auch, dass die Zähne in Ordnung, die Haare frisch gewaschen und gekämmt sind. All das signalisiert unterschwellig, dass dieser Mensch sorgfältig, korrekt und gewissenhaft ist. Zwischen den Zeilen deuten Ihre Gesprächspartner, dass Sie wegen dieser Eigenschaften ein verlässlicher Partner sein können. Deshalb wird man gerne mit Ihnen sprechen wollen. Sie sollten immer daran denken: Sie haben nie den Hauch einer zweiten Chance. Der erste Eindruck entscheidet darüber, ob es zu weiteren Gesprächen kommt oder nicht. Deshalb gilt:

L M A A

Nein, es ist nicht so, wie Sie denken. LMAA steht für „**L**ächle **M**ehr **A**ls **A**ndere"! Mit welchem Menschen würden Sie eher sprechen wollen: Mit einem Menschen, der mit hängenden Lippen durch die Gegend tippelt oder mit einem Menschen, der ständig ein Lächeln auf seinen Lippen trägt? Ich glaube, Ihre Antwort zu kennen. Also, was Sie von anderen erwarten, sollte für Sie gerade genug sein. Deshalb gilt für Sie 24 Stunden am Tag, gleichgültig, was dieser Tag an guten wie schlechten Nachrichten für Sie bereithält: Lächeln!

Glauben Sie mir, wenn Sie diese drei Grundregeln anwenden, werden sich schnell neue und interessante Kontakte ergeben. Das Gesetz der Zahl beweist, je mehr Menschen Sie ansprechen, desto größer kann Ihre Erfolgsquote sein. Wenn Sie eintausend Menschen ansprechen, ist die Wahrscheinlichkeit groß, dass sich fünfzig Leute für Sie interessieren werden. Sprechen Sie nur fünf Leute an, laufen Sie

Der Duft des Erfolgs

Gefahr, dass sich niemand ernsthaft für Sie, Ihre Produkte und Ihr Geschäft interessiert. Soweit die Theorie. Nun kommen wir zur Praxis, die, wie so oft im Network-Marketing, ganz anders aussieht. Mit eintausend Kontakten liegen Sie gut im Rennen, aber besser wären natürlich zwei- oder sogar dreitausend Kontakte. Sie glauben, diese Zahl niemals erreichen zu können? Dann muss ich Sie enttäuschen. Es geht! Dabei kommt es entscheidend auf die Definition an. Es geht um Kontakte und nicht um Geschäftsabschlüsse. Kontakte sind die Grundlage für Gespräche, die Sie mit potentiellen Geschäftspartnern führen. Dabei kommt es nicht so sehr auf die Länge der Gespräche an, sondern auf die Kraft der Überzeugung innerhalb weniger Minuten. Das eigentliche Verkaufsgespräch führen Sie ja ohnehin in einer Präsentation. Und nun lassen Sie uns gemeinsam rechnen: Unterstellt, Sie brauchen für jedes Gespräch max. zehn Minuten. Eine Stunde hat sechzig Minuten, geteilt durch zehn ergibt sechs! Ich bin davon überzeugt, dass es Ihnen doch gelingen müsste, innerhalb von vierundzwanzig Stunden nur eine Stunde mit Interessenten zu sprechen. Oder sehe ich das falsch? Hüten Sie sich jetzt davor, die falsche Antwort zu geben, dass könnte bedeuten, dass Sie für dieses Geschäft noch nicht reif sind. Ich glaube, dass jeder Mensch die Chance hat, innerhalb von vierundzwanzig Stunden insgesamt eine Stunde mit sechs Menschen zu sprechen. Chancen gibt es überall. An der Supermarktkasse, auf der Tankstelle, bei der Post, beim Bäcker, der Schlachterei, in der Schule, in der Bücherei oder auch im Mietshaus. Tausende von Möglichkeiten. Wenn Sie diese Chance nutzen, und ich betone ausdrücklich: nutzen, dann ergibt sich folgende Rechnung: 6 Kontakte x 365 Tage im Jahr = 2.190 Kontakte. Es ist also möglich, mit mehr als 2.000 Menschen in Kontakt zu kommen. Diese Zahl interessiert nur am Rande. Viel wichtiger ist die Zahl der Menschen, die hängen bleiben und mit Ihnen zusammenarbeiten. Und ich frage Sie nochmals: Glauben Sie nicht auch, dass bei 2.000 Menschen mindestens 10 mit Ihnen zusammenarbeiten möchten? Das wäre eine Quote von 0,5 Prozent! Diese Zahl halte ich persönlich für durchaus realistisch. Aus der Welt des Direktmarketings weiß man, dass eine Quote von 2 Prozent realistisch ist. Danach sind 0,5 Prozent mehr als realistisch, oder? Mir muss niemand mehr erzählen, dass die 10 Menschen, mit denen ich zukünftig dann zusammenarbeiten werde, mehr als 2.180 Mal ein „Nein" bedeutet haben. Wenn ich 2.190 Menschen angesprochen habe und 10 Menschen sich für mich und mein Geschäft interessieren, dann wurde ich 2.180 Mal abgelehnt. In jedem anderen Geschäft dieser Welt würde man bei einer solchen Quote die Hände über dem Kopf zusammenschlagen. Nicht aber im Network-Marketing. Hier kann ich mich auf diese zehn Menschen konzentrieren und so erfolgreich ausbilden, dass sie mir dauerhaft ein gutes Einkommen bescheren und darauf kommt es nach all der Mühe an.

Ich kann nicht verkaufen!

Diese Meinung vieler Menschen kann ich durchaus verstehen. Ein Automechaniker soll ein Auto in Gang bringen, ein Kranführer soll seinen Kran so steuern, dass er Lasten von A nach B versetzt. Der Arzt soll seine Patienten gesunden und der Moderator die Leute bei Laune halten. Und alle erzählen mir den ganzen Tag, sie würden nichts vom Verkaufen verstehen. Das ist nicht nur zynisch, sondern auch noch geschmacklos. Wenn ich einen Kranführer frage, was er so den ganzen Tag macht, dann wird er mir erklären, dass er mit seinem tonnenschweren Wagen zum Einsatzort fährt und sich vor Ort die Aufgabe erklären lässt. In aller Regel müssen hier Gegenstände mit hohem Gewicht versetzt werden. Dieser Kranführer wird vor Ort auf seinen Auftraggeber treffen. Worüber werden sich die beiden unterhalten? Wohl kaum übers Wetter, sondern eher darüber, wie man möglichst schnell und einfach die Last versetzen kann. Was wird der Kranführer machen? Wird er seinem Auftraggeber sagen, dass er dieser Aufgabe nicht gewachsen ist oder eher, dass er das schon hunderte Male erledigt hat und der Auftraggeber ihm voll vertrauen kann? Ist das Prahlen oder nicht eher eine etwas andere Form des Verkaufens? Verkaufen wir uns und unsere Leistung nicht jeden Tag aufs Neue? Jeder Arbeiter und Angestellte wird in seinem Job jeden Tag aufs Neue beweisen müssen, dass er dieser Aufgabe gewachsen ist. Er wird zu jeder Zeit versuchen, seinem Chef oder seinem Vorgesetzten zu erklären, was er soeben tolles geleistet hat. Das ist nichts anderes als Verkaufen! Ich erinnere mich noch sehr gut an eine Situation vor einigen Jahren: Ein Freund rief mich an und war ganz aus dem Häuschen. Er hatte sich einige Stunden zuvor eine neue Computermaus gekauft. Das besondere daran war das mittlere Rädchen zwischen den beiden Maustasten. Damals eine absolute Revolution. Heute eine Selbstverständlichkeit. Mein Freund erklärte mir, wie dieses kleine Rädchen seine Arbeit am PC um ein Vielfaches vereinfacht und vor allen Dingen, wie schnell nun die Arbeit von statten geht. Besonders das Surfen im Internet wurde durch diese revolutionäre Erfindung vereinfacht. Nur einen Tag später befand sich an meinem Rechner ebenfalls eine „Radmaus" für mehr als 50 Euro. Führte mein Freund ein Verkaufsgespräch mit mir oder weckte er in mir die Begeisterung, dieses Produkt unbedingt besitzen zu müssen? Sicher ist jeder Mensch von dem überzeugt, was er besitzt. Aber ich hielt dieses Gespräch nicht für ein Verkaufsgespräch, sondern vielmehr war es eine Art Empfehlung und ein gut gemeinter Ratschlag.

Im Grunde funktioniert Network-Marketing ähnlich. So wie Sie von einem Produkt und von einem Unternehmen überzeugt sind, berichten Sie Menschen von dieser wunderbaren Situation. Empfinden Sie das als Verkaufen oder eher als eine Art Empfehlung? Sie merken schon, worauf ich hinaus möchte. Ihre einzige Aufgabe sehe ich darin, Empfehlungen auszusprechen. Je mehr, desto besser. Niemand wird diese Empfehlung ernsthaft als Verkaufen empfinden. Nun lassen Sie mich nochmals meine vorherige Zahl aufgreifen. Wenn Sie von 2.190 Kontakten zehn Partner für Ihre Organisation gewinnen, werden Sie von diesen zehn Kontakten wahrscheinlich bis an Ihr Lebensende leben können, wenn Ihre Partner es ebenfalls auf die gleiche Menge bringen:

$$(\text{Ihre } 10) \times 10 \times 10 \times 10 \times 10 = 100.000 \text{ Partner Ihrer Organisation}$$

Selbst wenn Sie es nicht auf 10, sondern nur auf 5 bringen, kann sich Ihr Ergebnis noch sehen lassen:

$$(\text{Ihre } 5) \times 5 \times 5 \times 5 \times 5 = 3.125$$

Der Duft des Erfolgs

Das ist das Gesetz der Zahl! Ich möchte Ihnen daher dringend anraten, einen guten Job zu erledigen und jeden Menschen auf die Möglichkeit der Zusammenarbeit mit Ihnen aufmerksam zu machen. So ist es möglich, viel, ja sogar viel Geld zu verdienen, und davon profitieren unterm Strich alle anderen in Ihrer Struktur.

Ich kann nicht

Die meisten Menschen haben eine sehr einseitige Wahrnehmung, was angesichts der Informationsflut nicht sonderlich verwundert. Marc Aurel, der römische Kaiser, hat vor rund 2.000 Jahren einmal gesagt: *„Wenn für Dich eine Sache schwer zu bewältigen ist, darfst Du nicht gleich denken, sie sei für Menschen unmöglich. Du musst vielmehr glauben, wenn überhaupt etwas für den Menschen möglich ist und in seinem Bereich liegt, dann ist es auch für Dich erreichbar."* Je mehr Sie von etwas persönlich überzeugt sind, desto stärker verfestigt sich dieser Glauben. Hinzu kommt Ihr soziales Umfeld. In der Schule müssen wir uns von verbeamteten Lehrern sagen lassen, wie das Leben funktioniert. Da wird mir noch heute schlecht, wenn ich daran denke. Meine Lehrer waren im Durchschnitt älter als vierzig Jahre und kannten nichts anderes als die Schule. Mit sechs Jahren wurden sie eingeschult, besuchten dann das Gymnasium, studierten an der Universität und wurden schlussendlich Lehrer. Und die sollen mir heute, nach mehr als zwanzig Jahren Schuldienst sagen, wie das Leben funktioniert? Das ist doch grotesk. Kein Kind kann sich in Deutschland dieser Entwicklung entziehen. Es ist gezwungen, diesen Zustand bis zu seinem Schulaustritt zu akzeptieren. Dann aber kommt es entscheidend darauf an, ob es weiterhin den Weg des geringsten Widerstandes gehen will und nur das machen wird, was andere ihm sagen oder ob es dann die Kraft hat, sein eigenes Leben zu leben. Sicher ist es einfacher, sich anzupassen. Doch die Frage ist, wann will man dann erwachsen werden? Nur die körperliche Reife allein zählt nicht, wenn der Geist auf „Ich kann es ja doch nicht besser" programmiert ist. Es kommt entscheidend darauf an, seine Wahrnehmung zu verändern und beherzigt und entschlossen auf die neuen Dinge des Lebens zuzugehen. Es ist mir schon klar, dass dieser Schritt einem sehr viel Mut abverlangt. Doch am Mut hängt bekanntlich der Erfolg. Wenn Sie in ein Glas Wasser einschütten, kann daraus kein Champagner werden. Wenn Sie Champagner trinken wollen, müssen Sie eben Champagner in das Glas kippen. Sonst funktioniert es nicht. Mit unseren Gedanken verhält es sich ähnlich. Sie können niemals positiv denken, wenn Sie nur negative Emotionen und Nachrichten aufnehmen. Ich vergleiche diese Situation mit einem Trichter, der über Jahre mit Informationen und Daten gefüttert wird.

Das Trichter-Prinzip:

= Ergebnis: Ich kann nicht!

Wenn auch Sie den ganzen Tag nur schlecht über sich denken, dürfen Sie nicht annehmen, dass Sie am Abend noch gut gelaunt sind. Denn so wie Sie über sich denken, so sind Sie. Das ist ein ganz natürlicher Vorgang. Denn alle Gedanken, die Sie von sich haben, werden direkt ins Unterbewusstsein befördert. Das gilt auch für die Informationsflut, die täglich auf Sie einprasselt. Alles, was Sie einmal gesehen, gehört oder erlebt haben, wird vom Bewusstsein wahrgenommen und im Unterbewusstsein abgespeichert. Wer einmal im

Der Duft des Erfolgs

Leben von einer Katze gekratzt wurde, nähert sich dieser zukünftig nur noch sehr vorsichtig, egal wie süß sie auch ausschauen mag. Denn mit der Erinnerung an die *alte* Situation geht immer auch das erlebte Gefühl einher. Wenn Sie sich schon mal Ihre Hand verbrannt haben, wissen Sie, welche Schmerzen damit verbunden sind. Wir können also sagen, dass unser Körper eine Art Schutzmechanismus eingebaut hat. Er lernt aus Fehlern. Deshalb sind Erinnerungen, wie auch die entsprechenden Gefühle, unauslöschlich im Unterbewusstsein gespeichert. Was hier einmal gespeichert wurde, kann in Sekundenbruchteilen abgerufen werden. Kein Computer der Welt arbeitet so schnell und umfasst eine derartige Speicherkapazität wie das menschliche Unterbewusstsein. Dabei ist der Vergleich durchaus gestattet. Denn unser Unterbewusstsein ist mit der Festplatte eines Computers vergleichbar. Wer schon einmal einen guten Computer bedient hat, weiß, dass er hier so ziemlich alles speichern kann. Dabei entscheiden Sie ganz allein, ob Sie einen bestimmten Inhalt speichern wollen oder nicht. Der Festplatte ist das völlig egal, ob es gute oder schlechte Informationen sind. Sie speichert, solange sie die Kapazität besitzt. Darüber hinaus führen die Computerprogramme blind und unfehlbar aus, was vorher eingegeben wurde. Geben Sie Müll ein, kommt Müll heraus! So einfach ist das. Genauso verhält es sich mit dem Unterbewusstsein. Es nimmt alles auf, egal ob Sie es wollen oder nicht. Negative Gedanken und Emotionen werden genauso gespeichert wie alles Positive. Unser Unterbewusstsein wird programmiert durch unsere Wahrnehmung. Überzeugungen beeinflussen unsere Wahrnehmung am Stärksten. Deshalb ist es so gefährlich, wenn Sie von sich eine schlechte Meinung haben oder wenn Sie glauben, einfach nichts zu können. Diese Ihre Überzeugungen setzen sich im Unterbewusstsein fest. Sie werden im Leben immer wieder auf Situationen treffen, die Ihnen nun beweisen wollen, dass Ihre Überzeugung stimmt. Das Schöne daran ist, dass Sie zu jederzeit Ihre Überzeugungen ändern können. Sie können von „Ich kann nicht" auf „Ich kann" umschalten. Das ist natürlich nicht immer ganz einfach, aber es funktioniert. Man muss nur anfangen und es natürlich auch wollen.

Wenn man den Gedanken an diese Form der Hilfe akzeptiert hat, dann ist es nur noch ein kleiner Schritt zu akzeptieren, dass solche Entwicklungen möglich sind. Natürlich haben die aufgeklärten Menschen damit ihre Probleme. Was sich wissenschaftlich nicht beweisen lässt, ist für viele Menschen nur schwer nachvollziehbar. Allerdings beweist die Natur, dass es Dinge gibt, die sich gegen alle gültigen Gesetze stemmen und dennoch funktionieren. Ein schönes Beispiel ist die Forelle. Die kann selbst in reißenden Flüssen und gegen den Strom völlig regungslos verharren. Wer einmal versucht hat, entgegen der Strömung zu schwimmen, weiß, dass dieses fast unmöglich ist. Aber die Forelle weiß es nicht und verharrt weiterhin. Ein schönes Beispiel dafür, dass es möglich ist, entgegen allen langläufigen Meinungen Außergewöhnliches zu erreichen.

Wer sich für LR interessiert, aber das Gefühl hat, diesen Anforderungen nicht gerecht zu werden, sollte wissen, dass es beim Network-Marketing keinen Zwang gibt. Es handelt sich hierbei nie um ein Verhältnis: Du Chef, ich Angestellter, sondern Ich Chef, Ich Angestellter! Niemand, außer Ihnen, wird Sie zu etwas zwingen können. Deshalb ist es ja auch so einfach, Schritt für Schritt anzufangen. Paul Wilson, US-amerikanischer Erzähler hat nicht ganz Unrecht, wenn er sagt:

> *„Alle großen Errungenschaften beruhen auf einer winzigen Gemeinsamkeit: dem ersten Schritt."*

Der erste Schritt in Richtung erfolgreicher LR-Berater ist, die Produkte zu nutzen. Ich kann nur dann etwas überzeugend verkaufen, wenn ich zum einen die Produkte kenne und zum anderen von ihnen überzeugt bin. Das, was ich selbst benütze, ist auch gut für andere. Als ich das Starterpaket von LR bekam, hatte ich sofort alle anderen Kosmetikartikel aus meinem Badezimmer verbannt und durch LR ersetzt. Natürlich nutze ich heute alle Artikel, von Kosmetik bis hin zur Gesundheit. Wer mich in meinem Haus besucht, stößt in jedem Winkel des Hauses auf LR, weil ich von diesen Produkten überzeugt bin. Ich würde es als einen Vertrags- und Vertrauensbruch bezeichnen, wenn ein LR-Berater im Badezimmer Produkte von

Der Duft des Erfolgs

Douglas stehen hat und im Wohnzimmer eine LR-Vorführung abhält. Was glauben Sie, wie sich potentielle Partner fühlen, wenn diese kurz einmal auf´s Örtchen rennen müssen und dort andere Produkte vorfinden? Es wird schwierig, das Geschäft danach noch glaubhaft zu vermitteln. Nachdem Sie nun Ihr Badezimmer mit LR-Produkten ausgestattet haben, ist es wichtig, dass Sie das Siegerdenken annehmen. Für mich war es immer wichtig, der Erste zu sein, denn der Zweite ist der erste Verlierer! Einige werden sich noch an das Jahr 1953 erinnern. Zu dieser Zeit bestiegen zwei Männer das erste Mal den Mount Everest. Der Name ging um die Welt. Der erste Mensch auf dem „Dach der Welt" war der Neuseeländer Sir Edmund Hillary. Ihm folgte der „2. Bezwinger" des Berges, der Sherpa Tenzig Norgay. Gefeiert aber wird Hillary und nur sein Name wird in den Geschichtsbüchern als erstes genannt. Ungerechte Welt, oder? Wohl kaum. Denn die Botschaft dieser Vergleiche ist klar: Menschen lieben Sieger. Deshalb wollen sie auch immer Gewinner sein. Das hat etwas mit unserer Entwicklung zu tun. Die ersten Menschen waren viel zu schwach, als dass sie große Tiere jagen und erlegen konnten. Ihnen blieb nichts anderes übrig, als sich mit den Aasfressern um die zurückgebliebenen Kadaver zu streiten. Dem Ersten, dem es gelang diesen Kadaver zu greifen, stand der größte Happen zu. Die restliche Meute musste sich um den Rest der Beute streiten. Dieses macht deutlich, dass Sieger belohnt werden und das in mehrfacher Hinsicht. Gerade Frauen lieben starke Männer, damals wie heute. Es liegt doch auf der Hand, dass die attraktiven Frauen schon immer, zu allen Zeiten, den mächtigsten Mann angelten. Wegen seiner Schönheit und natürlich als eine Art „Beschützer". Siegertypen profitierten in allen Lebenslagen von ihrem Erfolg.

Unsere heutige Gesellschaft trägt natürlich wie keine vor ihr dazu bei, Siegertypen zu produzieren. Denken Sie allein an die Formel 1 und den damit verbundenen Medienrummel. Ich bin davon überzeugt, dass Sie innerhalb weniger Sekunden die wichtigsten Rennfahrer aufzählen können. Fünf werden Ihnen spontan einfallen. Aber es fahren bis zu 20 Autos pro Rennen. Nur wenige Menschen sind in der Lage, diese Namen aufzuzählen, obwohl diese Rennfahrer auch in der „Champions League" der Formel 1 fahren und damit zu den besten Fahrern der Welt gehören. Jedes Kindergartenkind weiß, dass Michael Schumacher im Jahre 2003 wieder Weltmeister wurde, und dass er der beste Rennfahrer aller Zeiten ist. Aber wer kann schon aus dem Stegreif sagen, wer im Jahre 2003 Vize-Weltmeister wurde. War es Kimi Räikkönen im McLaren Mercedes oder Juan Pablo Montoya im BMW Williams? Dieses Schicksal teilen sich alle zweiten Sieger. Aber tausende von Fans würden ein Vermögen dafür ausgeben, einmal mit dem Champion essen zu gehen oder nur einen Tag in der Boxengasse zu verbringen. Auch wir von LR mögen erfolgreiche Menschen und bringen das mit unserer Star-Box zum Ausdruck. Die LR Star-Box bringt unseren Kunden die Stars ins Haus. 17 exklusive Duftserien internationaler Persönlichkeiten sind in dieser Box vereint.

So finden Sie hier u. a. die Parfum-Kreationen von Boris Becker, Michael Schumacher, Nadja Auermann, Udo Walz, Iris Berben, Sarah Connor, No Angels, Heiner Lauterbach, Sonja Kirchberger, André Rieu, Heidi Klum und Anna Kournikova.

Bestimmte Gesetzmäßigkeiten aus der Welt der Sieger lassen sich auch auf die Geschäftswelt übertragen. Ich behaupte, dass Kunden nur von Siegern kaufen. Denn sie möchten erfolgreiche Menschen zum Partner haben. Deshalb ist es so verdammt wichtig, dass Sie

Der Duft des Erfolgs

sich als Sieger fühlen. Es hat wenig Sinn, sich als Sieger behaupten zu wollen, wenn Sie tief in Ihrem Inneren weder davon überzeugt sind noch wirklich Ihren Erfolg leben. Sie dürfen niemals vergessen, dass der menschliche Körper nie lügt. Wer von dem, was er macht, nicht überzeugt ist, bringt das über seinen Körper zum Ausdruck, ob er es will oder nicht. Das alles spielt sich unbewusst ab. Ein Kunde merkt sehr schnell, ob Ihr Erfolg ehrlich oder nur gespielt ist.

Es gibt keinen Menschen, der seinen Erfolg ohne Niederschläge erreicht hat. Das war bei mir genauso. Auch ich habe wirklich harte Zeiten hinter mir. Es ist wirklich nicht ganz einfach, durchzuhalten. Man muss sich jeden Tag aufs Neue motivieren, um seine Ziele zu erreichen. Manchmal muss man auch Nackenschläge in Kauf nehmen, die man selbst in seinen kühnsten Träumen nicht für möglich hält. So etwas erlebte ich einmal in Karlsruhe. Ich hatte eine erfolgreiche Veranstaltung hinter mich gebracht und war eigentlich nur noch müde und sehnte mich nach meinem Bett. Doch ich musste noch einen Umweg über den Bahnhof fahren, weil ich hier noch etwas zu erledigen hatte. Es ergab sich dann, dass ich dort auf einen interessanten Menschen traf. Getreu meinem Motto, der schlechteste Kontakt ist der Kontakt, den du nicht machst, sprach ich diese fremde Person auf mein Geschäft an. Wir unterhielten uns eine kurze Zeit. Danach trennten sich unsere Wege, ich erledigte die Dinge und ging zu meinem Auto zurück. Ich war gerade einige Meter gefahren, da wurde ich von acht (!) Polizeifahrzeugen eingekesselt. Ich wurde aufgefordert mein Auto zu verlassen, was ich angesichts des Polizeiaufgebotes sofort tat. Ich erfuhr dann, dass ein Außenstehender meine Kontaktanbahnung im Bahnhof beobachtet hatte. Er war überzeugt, hier würde jemand Drogen verkaufen wollen. Klar, das typische Klischee: Südländer, SL-Mercedes und schwarzer Koffer. Die Polizisten untersuchten an Ort und Stelle mein Auto, nahmen alles, aber wirklich alles genauestens unter die Lupe. Selbst meine Koffer wurden geöffnet und untersucht. Zwei Drogenhunde schnüffelten am und im Auto. Nach rund zwei Stunden war die ganze Aktion vorbei, und ich konnte meinen Weg fortsetzen, weil man natürlich nichts gefunden hatte. Ich kann Ihnen versichern, dass eine solche Aktion alles andere als Spaß macht. Vor allen Dingen die

Der Duft des Erfolgs

strafenden Blicke der umstehenden Passanten und Polizisten sprechen Bände. Das war wieder einmal so ein Zeitpunkt, wo ich alles in die Ecke hätte schmeißen können. Da ahnt man nichts Böses, aber Selbiges wird einem versucht zu unterstellen. Das aber ist scheinbar noch immer der Preis des Erfolgs, den man in Kauf nehmen muss. In guten Zeiten durchzuhalten, ist wirklich keine Kunst. Wenn einem der Erfolg förmlich zufliegt, macht jeder gern seinen Job. Aber erst in der Krise zeigt sich der wahre Meister. Ich erinnere mich noch sehr gut an Michael Schumachers erste Jahre bei Ferrari. Kaum ein Rennen, wo nicht das Auto verreckte, der Reifen platzte oder sonst irgendetwas passierte, was Michael nie beeinflussen konnte. Er hätte wirklich allen Grund gehabt, den Job bei Ferrari zu schmeißen. Doch er hielt durch, wurde oft ausgelacht und zum Gespött der Leute, obwohl er einige Jahre zuvor Weltmeister auf anderen Rennwagen wurde. Sicher möchte ich Michaels Fähigkeiten nicht in Abrede stellen. Doch neben seinem fahrerischen Können war vor allen Dingen sein Durchhaltevermögen entscheidend. Er hat in schwierigen Zeiten Standvermögen bewiesen und wurde zu Recht der beste Rennfahrer aller Zeiten.

Wir sollten dem Beispiel Michael Schumachers folgen und nicht beim ersten leichten Gegenwind umkippen. Darin sehe ich nämlich auch einen der Hauptgründe, warum viele Networker immer wieder scheitern. Sie orientieren sie sich gleich zu Beginn an den ganz Großen in der Branche und sind dann frustriert, wenn sie nicht selbst innerhalb weniger Wochen die gleiche Position erreicht haben. Oder sie geben schon nach den kleinsten Rückschlägen auf und orientieren sich schnell in andere Richtungen. Sie verhalten sich meiner Meinung nach wie eine Fahne im Wind. Je nachdem, woher der Wind kommt, flattern sie mit. Mit anderen Worten: Sie springen von einem Network-Unternehmen zum anderen, in der Hoffnung, im nächsten Unternehmen den ganz großen Coup zu landen. Natürlich ist die Enttäuschung groß, wenn sich der Erfolg dann nicht einstellt. Geduld ist eine Tugend und daran mangelt es vielen.

Die Tugenden der Sieger-Typen:

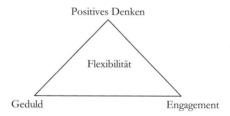

Niederlagen sind wichtige Botschaften, bestimmte Regeln neu zu überdenken. Wenn Sie zehn Kunden besucht haben, und zehn Kunden sagen „Nein" zu Ihrem Produkt, dann haben Sie mehrere Möglichkeiten mit dieser Information umzugehen. Die gefährlichste Meinung ist, dass Sie glauben, Sie und Ihr Produkt seien schlecht! Wer so denkt, sollte sich am besten einen Job als Taxifahrer, Baggerführer oder Beamter suchen. Hier können Sie in aller Regel nicht viel verkehrt machen, allerdings auch nicht viel verdienen. Der vernünftige Mensch analysiert seine Situation realistisch. Er fragt sich nach jedem Kontaktgespräch, warum der Kunde sein Angebot angenommen oder ausgeschlagen hat. Ich halte dabei nicht viel von der Botschaft, ein „Nein" des Kunden ist eine „Ich will, aber du hast mich noch nicht überzeugt" Meinung oder ein „Nein" steht für die vier Anfangsbuchstaben: „Noch ein Impuls nötig." Es gibt wirklich

Kunden auf dieser Welt, die wollen ein Produkt einfach nicht kaufen. Genauso gibt es Menschen, die einfach nicht an einer Chance oder gutem Geschäft interessiert sind. Sie möchten lieber weiterleben wie bisher. Das habe ich zu akzeptieren. Mit dieser Einstellung wird vieles leichter. Ich habe immer geglaubt, jeden Menschen bekehren zu müssen. Das hat mich sehr viel Zeit und Geduld gekostet. Am Ende war das Ergebnis schlechter als erwartet. Ich merkte dann eines Tages, dass es effektiver ist, die Meinung dieser Menschen zu akzeptieren und sich dann auf die Menschen zu konzentrieren, die bereit sind, ein Stück des Weges mit mir zu gehen. Wichtig ist nur, dass Sie den Unterschied zwischen einem echten „Nein" oder einem vorgeschobenen „Nein" kennen. Im ersten Fall ist ein Mensch wirklich nicht interessiert und deshalb sollte man hier auch nichts weiter versuchen. Im zweiten Fall aber handelt es sich um ein so genanntes vorgeschobenes „Nein". Es wird vorgeschoben, um die Wirklichkeit zu verschleiern, um jemanden zu vertrösten oder einem Gespräch bzw. Auftrag auszuweichen. Hinter diesem „Nein" fühlt sich der Gesprächspartner sicher. Und genau darum bedarf es Ihrer besonderen Aufmerksamkeit. Sie müssen herausfinden, warum sich Ihr Gesprächspartner hinter dem „Nein" versteckt. Möglicherweise glaubt er Ihren Ausführungen nicht. Vielleicht hat er auch schlechte Erfahrung mit einem anderen System des Network-Marketings gemacht oder aber es fehlt ihm einfach noch an weiterführenden Informationen. Nur wenn Sie immer und immer wieder nachfragen, erhalten Sie die Antworten. Das ist Ihre Chance, Ihr Angebot darauf abzustimmen. Grundsätzlich gilt, dass ein „Nein" keinem Weltuntergang gleichkommt. Ablehnungen, Verneinungen und Demütigungen sind genauso Bestandteil im Leben eines Networkers wie seine Erfolge. Erfolge zu feiern ist leicht, mit Niederlagen umzugehen schon deutlich schwieriger. Deshalb möchte ich Ihnen einige Anregungen geben, wie Sie mit solchen Niederlagen leichter umgehen können. Schon Charlie Chaplin sagte immer: *„Ein Tag ohne Lächeln, ist ein verlorener Tag."* Ich will damit sagen, dass Sie lernen sollten, Niederlagen nie als persönlichen Angriff oder als persönliches Versagen zu sehen. Sie sollten trotz einer Niederlage das Lächeln nicht vergessen.

Der Duft des Erfolgs

Vermeintliche Niederlagen besser verkraften

1. Akzeptieren Sie ein „Nein" als ausschließliche Meinung des anderen und vermeiden Sie darüber nachzudenken, dass Sie oder Ihr Produkt schlecht sein könnten.

2. Suchen Sie sich realistische Vorbilder. Auch ich habe mich immer wieder gefragt, was machen erfolgreiche Menschen anders als andere. Ich habe deren Verhalten immer beobachtet und dann Schritt für Schritt selbst angewendet. Wichtig ist dabei nur, dass man sich zunächst realistische Vorbilder sucht, und es Ihnen nachmacht. Es kommt nie darauf an, andere zu überrunden. Viel wichtiger ist es, dass Sie mit sich und Ihren Leistungen zufrieden sind. Deshalb sollten Sie Ihre Meßlatte zu Beginn nicht höher legen, als Sie schaffen können. Ein Stabhochspringer setzt am Anfang seiner sportlichen Laufbahn die Meßlatte nicht auf Olympianiveau. Nach jedem erfolgreichen Sprung wird die Latte Stück für Stück höher gelegt. Damit steigt im selben Verhältnis auch das Selbstbewusstsein, weil es wieder einmal geschafft wurde. Sobald ich das Gleiche wie meine Vorbilder erreicht hatte, suchte ich mir immer wieder neue Persönlichkeiten, um weiter zu wachsen. Wichtig ist, dass Sie im Rahmen Ihrer Möglichkeiten Ihre Chancen nutzen.

3. Denken Sie positiv. Was nie heißt, dass Sie die Situation verleugnen und schönfärben sollten. Wenn bei Ihrem Auto die Öllampe rot leuchtet, ist das ein deutliches Zeichen, dass in wenigen Minuten der Motor seinen Geist aufgeben wird. Wenn Sie jetzt positiv denken und annehmen, dass bis zur nächsten Tankstelle in einhundert Kilometer alles gut gehen wird, ist das purer Leichtsinn. Besser wäre es, das Auto zu stoppen und den Motor abzustellen. Positiv denken heißt für mich, in jeder Situation beherzt vorzugehen, nicht zu resignieren sowie die richtige Entscheidung zu treffen, die in

diesem Moment gefragt ist. Es ist sinnlose und verlorene Zeit in Krisensituationen zu verzweifeln. Die Situation ist so wie Sie ist und das hat man zu akzeptieren. Wenn es regnet, könnten Sie sich den ganzen Tag über den Regen aufregen, aber glauben Sie, dass bringt wirklich etwas? Es wird auch weiterhin regnen, egal, ob Sie sich darüber ärgern oder nicht. So ist es auch mit jeder anderen Situation. Sie allein haben es in der Hand, damit richtig umzugehen. Denken Sie immer daran. Wir sind alles Menschen und damit nicht ohne Fehler. Jeder von uns macht Fehler. Niemand ist perfekt. Glauben Sie doch nicht, dass alle perfekt gestylten Menschen ohne Fehler sind. Sie haben es nur verstanden, diese besser als andere zu kaschieren.

4. Denken Sie gut über sich. Klingt einfach, ist aber schwer. Viele Menschen neigen dazu, sich daran zu orientieren, was andere über sie denken. Seien Sie mit sich selbst zufrieden. Das ist wichtiger als alles andere. Wenn Sie fair bleiben, sollte es Ihnen egal sein, wie und was andere von Ihnen denken.

5. Fragen Sie sich nach jedem Kontakt, was Sie daraus gelernt haben. Was ist dieses Mal besser oder schlechter gelaufen?

6. Es gibt zahlreiche interessante Techniken, sich erfolgreich zu programmieren. Aus der Welt des „NLP", des so genannten Neurolinguistischen Programmierens, ist der Begriff „Anker setzen" zu einer wichtigen Eigenschaft für erfolgreiche Menschen geworden. Mit NLP ist es möglich, positiv Einfluss auf sein Leben, seine Gesundheit, sein Wohlbefinden und seinen Wohlstand zu nehmen. Mit NLP können Sie alle potentiellen Fähigkeiten, die bereits in Ihnen sind, wachsen lassen. Wer sich für dieses Thema interessiert, wird hier ausreichende Literatur finden, insofelrn möchte ich darauf nicht näher eingehen. Nur soviel möchte ich dazu noch sagen. Jedes menschliche Verhalten besteht aus neurologischen Prozessen: Nerven nehmen Reize auf, um diese zum Gehirn zu transportieren. Im Gehirn angekommen,

werden sie gefiltert und verarbeitet. Unser Verhalten wird durch fünf verschiedene Reize entwickelt: Sehen, Hören, Fühlen, Riechen und Schmecken. Mit Hilfe dieser fünf Sinne filtern wir alles, was an Informationen aus der Umwelt in uns eindringt. Durch die Sinneseindrücke eines jeden Menschen entsteht eine nur ihm eigene Welt. In diesem Fall spricht man von der „subjektiven Wirklichkeit". Wenn Sie eine Apfelsine sehen, haben Sie hiervon eine andere Wahrnehmung als Ihr Ehepartner. Von einem Farbenblinden abgesehen, nimmt jeder eine Frucht in einer bestimmten Form wahr. Doch jeder Betrachter dieser Apfelsine verbindet damit seine eigene Erfahrung. Der eine mag gerne Apfelsinen und freut sich über den Anblick. Der Ehepartner hasst dieses Obst, weil es seiner Meinung nach schon in kurzer Zeit einen unangenehmen Geruch entwickelt. Wieder ein anderer erinnert sich an seinen Urlaub unter Apfelsinenbäumen und an die damit verbundene Insektenplage usw. Hier wird deutlich, dass durch Erinnerungen bestimmte Reize ausgelöst werden. Diese Erkenntnis machen sich erfolgreiche Verkäufer zu Nutze, indem Sie sich immer wieder besonders erfolgreiche und erfreuliche Situationen aus der Vergangenheit in Erinnerung rufen. In schlechten Tagen oder auch dann, wenn sie eine Niederlage verarbeiten müssen, erinnern sich diese Verkäufer daran und es geht ihnen wesentlich besser. Dieser Vorgang nennt sich in der NLP Welt: „Einen Anker setzen." Ich will Ihnen zeigen, wie auch Sie „Ihren Anker" finden können, damit auch Sie für zukünftige Aufgaben besser gerüstet sind. Schreiben Sie bitte die zehn erfolgreichsten Situationen Ihres Lebens auf. Wenn Sie diese zehn Begriffe aufgeschrieben haben, suchen Sie spontan die drei erfolgreichsten Situationen heraus. Denken Sie nicht lange nach, sondern handeln sie aus dem Bauch heraus. Erst, wenn Sie alle drei Bereiche angekreuzt haben, versuchen Sie, sich die Situation genauestens in Erinnerung zu rufen. Lehnen Sie sich entspannt zurück. Schalten Sie jetzt Ihr „Kopfkino" ein, indem Sie die gesamte Geschichte Revue passieren lassen. Achten Sie auf alle Details, Farbe, Geschmack, Gefühl, etc. Lassen Sie nichts aus. Je stärker Sie sich konzentrieren, desto besser funktioniert Ihr Anker. Wiederholen Sie diese Übung öfter, bis Sie ganz sicher sind. Erst dann hat sich dieser Anker festgesetzt. Sollte jetzt eine negative Situation in Ihr Leben treten, „lösen" Sie Ihren Anker und erinnern sich. Sie werden merken, dass Ihre Stimmung spürbar ansteigen wird und Sie somit für die nächsten Herausforderungen besser gewappnet sind.

7. Denken und sprechen Sie in bejahenden, positiven Sätzen und Wörtern.

Das Erfolgsrad der Networker

Erfolg und Geld hat nichts mit Glück zu tun. Glück, Erfolg und Wohlstand sind keine Zufälle, sondern die Früchte richtigen Handelns zum richtigen Zeitpunkt, sagt schon ein chinesisches Sprichwort. Glück kommt von Gelingen. So sieht das auch der britische Forscher, Dr. Richard Wiseman, von der Universität Hertfordshire[5]. Er hat wissenschaftlich bewiesen, dass jeder seines Glückes Schmied ist. Er untersuchte über 40 Jahre lang Menschen, die entweder das Glück oder das Pech anzogen. Sein Ergebnis ist verblüffend. Glückliche Menschen sind Optimisten und selbstbewusst. Nach Wisemans Angaben benutzen sie Pech nicht als Entschuldigung für ihre eigenen Fehler. Die Wahrheit ist, dass das Schicksal niemanden bevorzugt, sondern den begünstigt, der handelt und nichts dem Zufall überlässt. Auch Network-Marketing funktioniert nach dem selben Prinzip. Mit der richtigen Strategie, guten Produkten sowie der Unterstützung durch das Team kann jeder erfolgreich werden. Man muss nur die immer gültigen „Network-Gesetze" anwenden, die sich wie ein Rad ständig in Richtung Erfolg bewegen.

Das Erfolgsrad der Networker:

---

[5] Quelle:Hamburger Abendblatt 06.03.03

Der Duft des Erfolgs

Fleiß

Ohne Fleiß kein Preis, sagt ein altes Sprichwort. Klingt irgendwie albern, entspricht aber der Wahrheit. Zwei Frösche fallen in einen halbvollen Topf mit Milch. Es gelingt beiden, den Kopf aus der Milch zu strecken. Fieberhaft überlegen sie, wie man aus dem Topf herauskommen könnte. Die Topfwand ist zu glatt, deshalb können sie nicht klettern. Auch haben sie keinen festen Untergrund, sodass an springen nicht zu denken ist. Der eine Frosch resigniert und gibt die Hoffnung auf. Er ertrinkt elendig. Der andere Frosch aber ist fleißig und paddelt Stunde um Stunde und lässt sich nicht unterkriegen. Mit der Zeit gerinnt die Milch und es entsteht Butter. Nun hat der Frosch einen festen Untergrund und kann sich mit einem Sprung aus der Gefangenschaft befreien. Sie sehen, wer aufgibt, hat verloren, man geht sprichwörtlich unter. Wer sich anstrengt, kann gewinnen und selbst aus ausweglosen Situationen herauskommen. Wichtig ist nur, dass man beständig und fleißig seinen Weg geht und sein Ziel kennt. Deshalb empfehle ich dringend, alle Ziele schriftlich festzulegen. Auch hier habe ich von einer Studie der North Dakota[6] State University gelesen. Die belegt, dass sogar Krankheiten geheilt werden, wenn Menschen mit Papier und Feder gegen chronische Leiden ankämpfen und ihre Pläne, Befürchtungen, Ängste und Sorgen aufschreiben. Die Wissenschaftler haben bis heute keine Erklärung dafür, warum sich dieses „von der Seele schreiben" so positiv auf den Menschen auswirkt. Ich aber bin der Meinung, wenn selbst Kranke von ihren chronischen Leiden durch Schreiben geheilt werden, um wie viel stärker muss dann ein gesunder Mensch von seinen schriftlichen Planungen profitieren?
Ich kann nicht verstehen, dass viele Menschen wie ein Blatt im Wind leben. Sie haben keine klare Vorstellung von ihrem Leben und leben sprichwörtlich in den Tag hinein. Am Ende des Geldes fragen sie sich, warum noch soviel Monat übrig ist. Dieselben Menschen aber planen Ihren Jahresurlaub mit der Akribie eines Beamten. Ich frage mich, warum sie dieses Verhalten nicht auch für ihren beruflichen

---
[6] Quelle: Zeitschrift Medizin Heute 11/99

Der Duft des Erfolgs

Erfolg an den Tag legen. Es ist doch wirklich immer sehr einfach. Wenn Sie eine längere Urlaubsreise in ein anderes Land planen und diese Strecke mit dem Auto zurücklegen, dann werden Sie sich zunächst im Internet eine Routenplanung ausdrucken, um zu sehen, wie die Strecke verläuft. Sie erhalten Entfernungsangaben und wichtige Orte markiert, sodass Sie sich schon vorher ausrechnen können, wann und wo Sie eine Pause machen werden. Normalerweise würden Sie nicht auf die Idee kommen, in der Mitte der Strecke Ihre Planungen zu beginnen. Die ganze Arbeit machen Sie sich, weil Sie wissen, dass Sie ohne vorherige Planung den Weg gar nicht oder nur sehr schwer finden werden. Außerdem wollen Sie Zeit sparen, und nicht zuletzt möchten Sie natürlich sicher sein, dass Sie auch dort ankommen, wo Sie hin wollen. Könnten Sie sich vorstellen, für Ihr Leben zukünftig ebenfalls einen Weg auszuarbeiten, damit Sie endlich auch dort ankommen, wohin Sie wirklich wollen? Vergeuden Sie zukünftig keine Energien. Entwickeln Sie Ihren Lebensplan, und dann fangen Sie an, diesen Weg zu gehen. So wie ein Autofahrer auch dann die Strecke fahren muss, die er vorher geplant hat, um sein Ziel endlich zu erreichen. Alles andere ist pure Zeitverschwendung. Sie müssen von Ihrem Ziel begeistert und überzeugt sein, wenn Sie es erreichen wollen. Schon Sokrates meinte, dass nur der, der sich mit angespanntem Verstand bemüht und einen Plan hat, schneller und Gewinn bringender arbeitet. Diese Erkenntnis ist zwar schon mehr als 2000 Jahre alt, funktioniert heute aber noch genau so. Ein guter Lebensplan zeichnet sich dadurch aus, dass die angestrebten Ziele auch erreichbar sind. Dazu wird das große Ziel in viele einzelne Teilziele zerlegt. Kein Berater würde auf die Idee kommen, bei LR mit der Position des Vize-Präsidenten anzufangen. Diese Position zu erreichen, sollte sein großes Ziel sein. Aber um dahin zu kommen ist es ratsam, Schritt für Schritt seine Position aufzubauen. Vom Berater, über Orgaleiter, bis hin zum Gold-Orgaleiter etc. Es macht viel mehr Spaß und ist viel motivierender, stetig Teilziele zu erreichen, als nur auf das ganz große Ziel zu starren, welches noch in sehr weiter Ferne liegt. Kleine Schritte sind ein Gradmesser für den eigenen Erfolg. Sie können somit auf dem Weg zum Endziel Korrekturen vornehmen, ohne das Gesamtergebnis zu gefährden. Diese Strategie der Aufteilung kenne ich noch aus meiner Kinderzeit. Wenn ich den vollen Teller nicht leer essen wollte, zerlegte meine Mutter die Portion in kleinere Häppchen, die ich dann Stück für Stück aufaß. Am Ende war der Teller leer, ohne dass ich es wirklich gemerkt hatte.

Immer wieder beschäftigen sich zahlreiche Universitäten mit den Themen Ziele und Motivation. In einer Harvard-Studie wurden Studenten nach ihren Zielen befragt. Im Besonderen wollte man wissen, ob sie über klare, spezifische, schriftlich fixierte Ziele und eine Planung für die Erreichung dieser Ziele verfügten. Nur 3 Prozent hatten ihre Ziele schriftlich niedergelegt. 20 Jahre später hat man die selben Studenten wieder befragt. Die Forscher fanden heraus, dass die 3 Prozent, die eine Planung aufgestellt hatten, finanziell besser gestellt waren als der Rest zusammengenommen! Die Studenten, die zu den 3 Prozent gehörten, fühlten sich darüber hinaus gesünder, erfolgreicher und glücklicher. Zu einem guten Plan gehört zwingend der optimale Einsatz seiner Zeit. Ich hatte darüber bereits einige Worte verloren. Ein Jahr hat 365 Tage, aber mehr als 31 Millionen Sekunden. Es wäre doch schade, wenn man diese gewaltige Zeit nicht sinnvoller nutzt, oder? Wollen Sie nun ein Ziel in einem Jahr erreichen, fangen Sie an und nutzen den Augenblick, indem Sie sich hier und jetzt fragen:

- Was kann ich sofort tun?
- Was muss ich in einer Woche tun?
- Was muss ich in einem Monat tun?
- Was muss ich in einem Jahr tun?

Der schönste Augenblick des Tages ist jetzt. Deshalb gilt es die Dinge, die wir täglich zu erledigen haben, nach ihrer Wichtigkeit festzulegen. Hierzu empfehle ich eine schriftliche Prioritätenliste. Die Reihenfolge der Dringlichkeit wird von Ihnen in dieser Liste festgelegt, da nur Sie wissen, was für Sie wichtig und unwichtig ist:

A = höchste Priorität
B = sekundäre Priorität
C = weniger wichtig, aber zu erledigen
D = Papierkorb

Der Duft des Erfolgs

Diese Prioritätenliste sollten Sie jeden Tag aufs Neue definieren, da jeder Tag neue Aufgaben stellt. Die einfachste Vorgehensweise ist daher sich zu fragen:

1. Was ist heute zu tun?
2. Was ist das Wichtigste für heute?
3. Was bedeutet mir heute etwas?
4. Was hat vor allem Vorrang, egal was kommt?
5. Was kann ich delegieren?
6. Wie muss ich die Prioritäten nach Beantwortung obiger Fragen für heute festlegen?
7. Am Ende des Tages: Habe ich alle Prioritäten erledigt?
8. Wofür belohne ich mich heute?

Ihre Tagesprioritätenliste könnte zum Beispiel so aussehen:

Priorität					
A	B	C	D	Was will ich heute erledigen?	Erledigt

Bitte immer daran denken: Priorität (A) eines Networkers sind Kontakte, Kontakte und nochmals Kontakte. Denn ohne Kontakte keine Kontrakte (= Verträge) und ohne Kontrakte kein Verdienst. So einfach ist das.

Der Duft des Erfolgs

Der größte Feind in der Verfolgung Ihrer Ziele liegt in der Bequemlichkeit. Ich hatte vorhin das Beispiel mit dem Frosch gewählt. Er muss zu einem weiteren Vergleich nochmals herhalten. Tierschützer mögen mir folgende Anekdote nachsehen. Aber wenn Sie einen Frosch in einen heißen Topf mit Wasser werfen, wird er sofort wieder herausspringen. Schmeißen Sie den gleichen Frosch dagegen in kaltes Wasser, bleibt er entspannt. Setzen Sie nun den Topf auf eine Herdplatte und erhitzen langsam das Wasser, empfindet der Frosch das als angenehm. Er gewöhnt sich an die Temperatur und merkt nicht, dass es immer heißer wird. Am Ende wird er elendig verrecken. Ähnlich geht es den erfolgsverwöhnten Menschen, die sich auf der Höhe ihres Erfolgs zurückfallen lassen und in ihren Leistungen nachlassen. Sie merken zunächst nicht, wie ihnen der Erfolg wegbricht. Dann aber, wenn sie es merken, ist es oft schon zu spät. Jahre intensiver Aufbauarbeit werden so in wenigen Monaten zerstört. Müßiggang ist aller Laster Anfang. Ich vertrete daher immer noch den Grundsatz, niemals auf der Höhe des Erfolgs aufzuhören, sondern weiterzumachen, weil die Erfolgswelle einen immer höher und höher trägt. Das ist auch der Grund, weshalb ich noch heute auf die Straße gehe, um allen Menschen von den wunderbaren Möglichkeiten, Produkten und Chancen bei LR zu erzählen. Ich kenne kein deutsches Unternehmen, das so innovativ ist, einem so großartige Verdienstmöglichkeiten bietet und gleichzeitig einem die Stars dieser Welt zu Füssen legt:

Kontaktfreudigkeit

Es gab Tage, da interessierten sich mehr als zehn Menschen für mein Geschäft, an anderen Tagen waren es nicht einmal zwei. Doch in einem Punkt ähnelte sich jede Situation: Ich wusste nicht, welche dieser Personen tatsächlich ins Geschäft einsteigen würde. Die Anzahl der anwesenden Interessierten war kein Garant auf hohe Abschlüsse. Nach dem Gesetz der Wahrscheinlichkeit war aber die Chance auf Abschlüsse größer, je mehr Menschen teilnahmen. Also lud ich immer alle Menschen, die sich interessierten, zu einem Sponsorabend ein. Interessierten sich acht Menschen für mich und mein Geschäft, lud ich diese acht Menschen an einem bestimmten Abend ein, verbunden mit der Bitte, ein jeder von ihnen möge drei weitere Interessierte mitbringen. Dadurch erhöhte sich so nebenbei die Quote von acht auf vierundzwanzig Personen, ohne zusätzlichen Arbeitsaufwand und mit demselben Zeitaufwand. Denn ob Sie eine Präsentation vor acht oder vor dreißig Leuten abhalten, ist für die Präsentation egal. Sie erhöhen aber die Abschlussquote um ein Vielfaches. Ganz besonders achtete ich darauf, dass verheiratete Menschen unbedingt ihren Partner mitbrachten. Kam die Person allein, wusste ich bereits, dass sie an diesem Abend nie eine Entscheidung treffen würde. Die Menschen, die in einer Partnerschaft leben, treffen selten allein eine Entscheidung. Sie suchen immer die Zustimmung des Partners. Deshalb ist es so wichtig, dass auch Sie darauf achten, immer beide einzuladen. Darüber hinaus umgehen Sie gleich ein weiteres Problem. Ich nenne es das „Stille Post Problem". Stille Post ist ein Spiel, das Sie sicher noch aus Ihrer Kinderzeit kennen. Jemand flüstert einige Wörter in das Ohr des ersten Kindes. Dieses Kind gibt nun diese Wörter an das nächste Kind weiter. So geht es weiter, bis das letzte Kind an der Reihe ist und nun sagt, was es verstanden hat. Es wird mit Sicherheit etwas ganz anderes wiedergeben als die ursprünglichen Wörter. So geht es auch mit Menschen, die eine Veranstaltung besuchen. Sie haben viel Neues gehört, sind aber nicht in der Lage, diese Informationen einem Dritten, in der Regel dem eigenen Partner, richtig wiederzugeben. Dadurch entstehen Missverständnisse, die nur noch sehr schwer ausgeräumt werden können. Besuchte aber ein Ehepaar gemeinsam eine LR-Präsentation, war ich mir sicher, dass beide ihre Chancen richtig erkannten und auch nutzten.

Ich mache keinen Hehl daraus, dass die meisten Menschen in den ersten Tagen ihrer Arbeit große Probleme haben, auf andere Menschen zuzugehen. Bereits mehrfach habe ich ausgeführt, dass diese Angst unbegründet ist und niemand mit ernsthaften Konsequenzen rechnen muss, nur weil er fremde Menschen in einer bestimmten Art und Weise anspricht. Hier einige Empfehlungen, die Ihnen helfen werden, die anfängliche Scheu zu verlieren:

1. Selbstvertrauen

   Es gibt im Leben keine Zufälle. Wir bekommen immer genau das, was wir erwarten. Im wahrsten Sinne des Wortes fällt uns zu, was wir erwarten. So glaube ich, dass es nie Zufall ist, dass ich Sie angesprochen habe und wir beide zusammenarbeiten sollten. So wird es auch mit Ihren Gesprächspartnern sein. Sie treffen nicht zufällig auf einen Gesprächspartner. Ich habe die Erfahrung gemacht, dass Menschen, die für dieses Geschäft nicht in Frage kommen, mir unbewusst aus dem Weg gehen. Die aber, die unterschwellig ein Interesse an Geld und Erfolg haben, machen eben keinen Bogen um mich. Deshalb nutze ich die „zufällige Chance der Begegnung" und spreche den Menschen an. Ich vertraue in diesem Moment darauf, dass diese Begegnung gewollt ist. Diese meine Überzeugung verleiht mir eine positive Grundstimmung, welche sich auch auf meine Körperhaltung auswirkt. Mein Gesichtsausdruck spricht Bände. Eine positive Grundeinstellung und ein sprichwörtliches „Lächeln auf den Lippen" ist schon der halbe Erfolg.

2. Marketing

   Große Unternehmen geben Unsummen aus, um ein Produkt bekannt zu machen. Haben Sie sich einmal überlegt, welches

Ihr wichtigstes Produkt in Ihrem Unternehmen ist? Richtig: Sie! Sie sind das Produkt. Natürlich geht es am Ende um LR. Doch im ersten Schritt sind Sie gegenüber Ihrem ersten Kontakt das Produkt. Und nun denken Sie einmal darüber nach, wie Sie im Supermarkt ein Produkt auswählen. Wenn zwei Produkte die gleichen Bedingungen erfüllen, aber unterschiedliche Verpackungen haben, greifen Sie intuitiv zu der schöneren Verpackung. Genauso verhält es sich mit Menschen. Wenn Sie als Produkt strahlen und Ihre Verpackung (= Aussehen und Kleidung) ansprechend und korrekt ist, werden die Menschen mit Ihnen ins Gespräch kommen wollen. Wenn Sie sich gehen lassen und ein schlechtes Outfit haben, dürfen Sie sich nicht wundern, wenn Ihnen die Menschen aus dem Weg gehen. Vermitteln Sie deshalb immer einen guten Eindruck. Dazu gehört natürlich auch ein kräftiger Händedruck, natürlich der einzelnen Person angepasst. Einer Dame gibt man vorsichtiger die Hand als einem Herrn.

3. Suchen Sie „Positivdenker"

Wenn Sie in einer Fußgängerzone spazieren gehen, achten Sie einmal genauer auf die Menschen. Positiv und lebensbejahende Menschen laufen aufrichtig und mit erhobenem Haupt. Negativ denkende Menschen schauen dagegen unentwegt in Richtung Fußboden, um ja nichts „Schlimmes" sehen zu müssen. Ich empfehle Ihnen, diese Menschen nicht anzusprechen. Es ist vergebliche Liebesmüh. Konzentrieren Sie sich deshalb nur auf Positivdenker, die immer ein offenes Ohr haben und gern in jedem und alles eine Chance sehen. Diese Menschen erkennen Sie daran, dass sie aufrecht, geradeaus und gut gekleidet gehen.

4. Inszenieren Sie sich

Ich wählte vorhin das Beispiel mit einer Warenpräsentation. Wenn Sie sich die Verpackung anschauen, finden Sie dort in kurzen Sätzen die Vorzüge des Produkts erklärt. Sie werden keinen Roman vorfinden. Bekanntlich liegt in der Kürze die Würze. Sie sollten ähnlich vorgehen. Es ist wichtig, dass Sie Ihren potentiellen Partner nicht in Grund und Boden reden. Viel wichtiger ist es, in kurzen knappen Sätzen zu beschreiben, wer Sie sind und was Sie anzubieten haben. Je kürzer desto besser. Sie sollten einige Sätze einstudieren und vor dem Spiegel üben. Lächeln Sie dabei immer, denn in dem Augenblick heben sich Ihre Mundwinkel, was eine Kettenreaktion in Ihrem Körper auswirkt. Vereinfacht gesagt: drückt ein Gesichtsmuskel auf einen Nerv, sendet dieser die Botschaft an das Gehirn: „Mein Boss (so sieht Sie Ihr Körper) lächelt." Dadurch wird das Gehirn angeregt, körpereigenes Morphin zu produzieren, das für eine freudige Grundstimmung sorgt. So unglaublich es auch klingen mag, aber je mehr Sie lächeln, desto mehr Hormone werden produziert. Dagegen können Sie nichts ausrichten. Diese Situation ist vergleichbar mit einer Reflexuntersuchung beim Arzt. Sobald Ihr Arzt mit einem kleinen Hämmerchen auf Ihr Knie schlägt, bewegt es sich, ob Sie wollen oder nicht. Diese Lachübung empfehle ich für immer dann, wenn Sie das Gefühl haben, nichts geht mehr. Dann fangen Sie einfach an zu lächeln. Sie müssen es ja nicht in aller Öffentlichkeit tun. Sie werden immer einen Platz finden, wo Sie unbemerkt für zehn Sekunden Ihre Lachmuskeln trainieren können. Der Effekt ist gewaltig. Sie werden sehen, dass Ihre ganzen Sorgen und Ängste von Ihnen abfallen. Sie sollten es ausprobieren.

Sobald Sie mit Menschen ins Gespräch kommen, egal ob durch ein persönliches Treffen oder über das Telefon, sollten Sie immer lächeln. Das verschafft Ihnen einen ungeheuren Sympathievorsprung, den Sie noch verstärken können, wenn Sie immer einige interessante Anekdoten auf Lager haben. Menschen lieben Geschichten. Das war zu allen Zeiten so und gilt auch heute noch. Die besten Geschichten schreibt noch immer das Leben. Aufgrund meiner langjährigen Arbeit bei LR brauche ich mir keine Geschichten mehr ausdenken. Ich könnte stundenlangen tolle, witzige, pfiffige und anregende Geschichten erzählen. Einige davon haben Sie ja schon in diesem Buch nachlesen können.

5. Visitenkarten

Sie sollten das Haus nie ohne Ihre Visitenkarten verlassen. In unserer schnelllebigen Zeit wird vieles vergessen, auch Namen und Kontakte. Übergeben Sie Ihrem Gesprächspartner bei erster Gelegenheit Ihre Visitenkarte, damit er sich immer an Sie erinnern wird. Selbst wenn er Sie vielleicht nicht sofort wieder anruft, so wird er diese Karte aufbewahren und Sie zu gegebener Zeit anrufen. Schreiben Sie neben Ihren Namen und Ihre Telefonnummer auch zwingend Ihre Handynummer dazu. Ein guter Networker ist immer erreichbar.

6. Seien Sie interessant

Es gibt heute noch Menschen, die lesen weder eine Zeitung noch surfen sie im Internet. Ein guter Networker ist immer perfekt informiert. Er weiß, wie die politische Grundstimmung in diesem Land ist. Er kennt sich aus mit Finanzen und weiß, wo den Bürgern der Schuh drückt und natürlich weiß er, was in seiner näheren Umgebung passiert. Manchmal kann es nämlich sehr wichtig sein zu wissen, wann der Kaninchenzüchterverein seine Vereinstagung abhält oder wann die nächste Taubenausstellung stattfindet. Dabei muss ein Networker weder Tauben noch Kaninchen mögen. Aber bei diesen Veranstaltungen trifft man auf viele interessante Leute, die durchaus Interesse haben, mehr Geld zu verdienen. Denn diese Hobbys sind oft sehr kostspielig. Wer täglich die Zeitung liest, ist besser informiert und kann leichter mit Menschen kommunizieren, weil ihm niemals der Gesprächsstoff ausgehen wird. In vielen Fällen können ausgeschnittene Zeitungsartikel zu bestimmten Themen die Verkaufsgespräche vereinfachen. Denn viele Menschen glauben noch immer an das, was in der Zeitung steht. Auch wenn es falsch ist.

Sie sehen, es ist ganz einfach, seine Scheu abzulegen und Menschen anzusprechen. Sagen Sie bitte nicht, Sie würden keine Leute kennen. Das glaube ich Ihnen nicht. Sie glauben kaum, wie viele Menschen Ihnen einfallen werden, wenn Sie einmal konzentriert nachdenken. Denn in Ihrem Leben sind Sie mit vielen Menschen, oft über Jahre, zusammen gewesen. Gern nenne ich Ihnen einige Beispiele:

Schul- und Ausbildungszeit, Wehrdienst
- Schulkameraden, Kommilitonen, Auszubildende, Verbindungsbrüder
- Lehrgangsteilnehmer
- Lehrer und Ausbilder
- Kameraden aus der Wehrdienstzeit

Arbeitsplatz (heute und früher)
- Kollegen und Kolleginnen
- Abteilungsleiter, Vorgesetzte
- Kunden
- Konkurrenten
- Seminarleiter verschiedener Lehrgänge

Verwandte
- Verwandte mütterlicher- und väterlicherseits
- Verwandte von Freunden, vom Partner und Bekannten

Kontakte durch Ehepartner und Kinder
- Lehrer, Erzieher und Ausbilder unserer Kinder
- Bekannte und Freunde unserer Kinder
- Menschen aus Schul-, Ausbildungs- und Berufskontakten meines Partners

Der Duft des Erfolgs

- Menschen von Organisationen, zu denen mein Partner gehört
- Eltern von Schul- und Spielkameraden unserer Kinder

Nachbarschaft
- Nachbarn und ehemalige Nachbarn
- Mieter und Vermieter

Gesellschaftliche Ereignisse
- Geburtstagsfeiern
- Familien- und Firmenfeste
- Hochzeiten
- Kinderfeste
- Jubiläen aller Art

Hobby und Vereine
- Menschen, die das gleiche Hobby haben wie ich
- Menschen, die ich vom Sport kenne
- Menschen aus anderen Vereinen (Basteln, Skat)

Angestellte, die ich täglich treffe
- Bäcker und Metzger
- Apotheker
- Buchhändler
- Kiosk

Sie können aus dem Vollen schöpfen und natürlich ist es nicht verboten, auch Menschen anzusprechen, die bereits im Verkauf sind und für ein Network-Unternehmen arbeiten (z. B. Versicherungen, Bausparen, Kosmetik, Dessous, Amway, etc.). Wer weiß, vielleicht möchte jemand wechseln.

Ich beobachte immer wieder, dass einige Networker die einfachsten Kontaktgesetze missachten und sich dann wundern, dass es nicht funktioniert. Bekanntlich soll man ein Eisen schmieden, solange es noch heiß ist. Wenn Sie als Networker einen Geschäftsabend erfolgreich abgeschlossen haben, werden die bestellten Artikel einige Tage später beim Kunden eintreffen. Ein guter Networker nutzt diese Chance. Er wird diesen Kunden anrufen und fragen, ob die Ware angekommen ist und bisher alles zur Zufriedenheit verlief. Besonders wird er sich dafür interessieren, ob der Kunde mit den Artikeln zurechtkommt oder ob noch einige Unklarheiten bestehen, die dann beseitigt werden müssen. Denken Sie immer daran: Nur ein zufriedener Kunde erzählt es einem anderen Menschen. Ein unzufriedener Kunde lässt keine Gelegenheit aus, anderen von seinen schlechten Erfahrungen zu erzählen. Er wird in derselben Zeit zehn Menschen und mehr von seinen negativen Erfahrungen berichten. Sie haben es in der Hand, ob es dazu kommt oder nicht. Oft wenden die Kunden das Produkt falsch an oder lesen die Gebrauchsanweisung nicht richtig. Davon erfahren Sie nur, wenn Sie mit dem Kunden sprechen. Tun Sie das nicht, müssen Sie sich nicht wundern, dass in Ihrem Verkaufsgebiet einiges schief läuft. Zufriedene Kunden empfehlen Produkte gerne weiter. In diesen Gesprächen haben Sie die Chance zu erfahren, welche Personen aus dem Bekanntenkreis des Kunden ebenfalls für diese Produkte oder sonstigen Leistungen in Frage kommen. Einfacher und schneller können Sie kaum Kontakte generieren.

Wann immer Sie die Gelegenheit dazu haben, laden Sie Menschen zu Ihren Veranstaltungen ein. Dabei ist, wie so oft, eine gute Planung der halbe Erfolg. Hier einige Fragen, die Ihnen helfen werden, eine gute Planung zu organisieren:

1. Wen wollen Sie einladen?
2. Wie erreichen Sie diese Menschen?
3. Legen Sie das Ziel dieser Veranstaltung fest
4. Definieren Sie den Veranstaltungsablauf:
    - Begrüßung
    - Firmenvorstellung
    - Produktvorstellung
    - Network-Marketing erklären und Chancen aufzeigen
5. Räumen Sie genügend Zeit für anschließende Gespräche ein
6. Haben Sie alle wichtigen Unterlagen griffbereit zur Hand?

7. Geben Sie erfolgreichen Networkern die Chance, über sich zu erzählen

Besonders der letzte Punkt in meiner Aufzählung ist von größter Wichtigkeit. Menschen, die von etwas begeistert sind, teilen es gerne anderen mit. Die Zuhörer fühlen sich sicherer, wenn sie auf Menschen treffen, die positive Erfahrungen mit einem Unternehmen und dessen Produkten gemacht haben. Profitieren Sie von dieser Möglichkeit und lassen Sie möglichst viele begeisterte Anwender zu den Menschen sprechen. Das wirkt! Und noch etwas sollten Sie wissen. Schauen Sie sich Ihre potentiellen Mitarbeiter genauer an. Es gibt Menschen, die Sie mit der Frage: „Möchten Sie viel Geld verdienen?", peinlich berühren würden. Es könnte sein, dass Sie diesen Personen damit unterschwellig signalisierten, dass es so aussehe, als ob sie kein Geld hätten. Dieser Kontakt wird zwangsläufig ins Leere laufen, denn wenn der Mensch diese Frage bejaht, würde er damit indirekt seinen Geldmangel bestätigen, also wird er die Frage verneinen. Sie können solche Situationen entschärfen, indem Sie die Frage so formulieren, als handele es sich um Dritte. Ihre Frage könnte in etwa wie folgt lauten: „Wir brauchen Hilfe. Kennen Sie jemanden, der neben- oder hauptberuflich mit uns Geld verdienen möchte?" oder „Wir suchen qualifizierte Mitarbeiter, die sich ein zweites Standbein aufbauen wollen und bei Erfolg die Chance haben, auch andere Menschen von Ihren Erfahrungen zu berichten." Der Angesprochene erfährt so, dass Sie Mitarbeiter suchen, die viel Geld verdienen können. Es kann sein, dass er Ihnen einen Kontakt vermittelt. Die Wahrscheinlichkeit, dass er sich selbst anbietet, ist aber weitaus höher. Denken Sie bitte immer daran. Sie erleben die Menschen in den unterschiedlichsten Situationen. Wenn Sie jemanden beim Bäcker ansprechen, wird er damit nicht rechnen können, dass er hier und jetzt auf ein Geschäft angesprochen wird. Es ist also völlig normal, wenn er dann nicht sofort zusagt. Er muss Ihr Angebot unter Umständen noch verarbeiten und braucht dafür seine Zeit. Ihre Visitenkarte hilft ihm, sich an Sie zu erinnern.

Ehrgeiz

Wer so wie ich hunderte fremder Menschen anspricht, um sie für ein Geschäft zu gewinnen, muss sich eine dicke Haut zulegen. Ich habe immer mehr Ablehnungen als Zustimmungen bekommen. Daran können weder Auftreten noch bisherige Erfolge etwas ändern. Wichtig ist, dass man sich selbst treu bleibt, und diese Ablehnung nicht als persönliche Niederlage empfindet. Und genau in diesem Punkt unterscheiden sich erfolgreiche von weniger erfolgreichen Networker. Letztere geben einfach zu schnell auf und glauben, Network-Marketing würde bei Ihnen gar nicht funktionieren. Das ist Blödsinn. Kein Baby auf dieser Welt wird nach dreimaligem Hinfallen nicht mehr laufen wollen. Viele hundert Male fallen sie auf den Hintern. Sie wie ich haben diese Ochsentour durchgemacht. Natürlich sind wir auch mal ganz böse auf die Nase gefallen. Aber hat es je einen Menschen davon abgehalten, nicht laufen lernen zu wollen? Warum aber verlieren so viele Menschen in der Mitte ihres Lebens den Drang, mit der gleichen Intensität Neues auszuprobieren? Ich weiß es nicht. Der Start im Network-Marketing ist mit den ersten Laufversuchen von Babys gleichzusetzen. Nur erfahrene Profis starten in diesem System von der Pole-Position. Aber es kann immer nur einen Michael Schumacher geben, was nicht heißt, dass man nicht die Chance hat, den König eines Tages abzulösen und sei es nur, weil er aus Altersgründen abtritt. Doch zunächst einmal gilt es, anzufangen und sich von den vielen, vielen Rückschlägen nicht entmutigen zu lassen. Als Networker fällt man weder vom Himmel noch wird man dazu geboren. Wer einen Berufsabschluss nachweisen will, muss dazu in die Lehre gehen. Meine Ausbildung zum Textilmaschinenführer hat auch drei Jahre gedauert. In diesen drei Jahren lernt man viel, verdient aber wenig. Das ist normal und man kann damit gut leben. Ich kann mir dann immer nur verwundert die Augen reiben, wenn einige Networker meinen, sie könnten dieses Geschäft von Null auf Hundert in wenigen Wochen puschen. Das wird nie funktionieren. Wer immer Ihnen so etwas erzählt, arbeitet nicht seriös. Betrachten Sie die ersten Jahre im Network-Marketing doch auch als Lehrzeit, was aber nicht bedeutet, dass Sie auf viel

Geld verzichten müssen. Sie werden selbiges verdienen, aber vielleicht nicht unbedingt zu Beginn schon den schwarzen neuen Mercedes SL fahren.

Leider gibt es auch Networker, die haben ein außergewöhnliches Talent Kontakte zu knüpfen, doch sie steigen schon nach kurzer Zeit wieder aus, weil es ihnen nicht schnell genug geht. Manchmal frage ich mich, welcher Teufel diese Menschen reitet, dass sie glauben, der nächste Mercedes SL steht schon vor der Tür. Ich muss immer wieder betonen, dass ich jahrelang einen alten klapprigen Golf gefahren habe, bis ich mir den ersten Mercedes leisten konnte. Ich wäre zu dieser Zeit nie auf die Idee gekommen, den zweiten vor den ersten Schritt zu setzen.

Wenn Sie ein Unternehmen gründen, benötigen Sie dafür viel Geld. Sie sind also geradezu zum Erfolg verdonnert und können nicht so einfach aussteigen. Im Network-Marketing ist alles sehr viel einfacher. Sie können zu jederzeit ohne Risiko und Kosten einsteigen. So leicht wie man ins Network-Marketing einsteigt, so leicht ist auch der Ausstieg. Denn dieser kostet den Networker genauso wenig. Der klassische Unternehmensgründer kann nicht so einfach das Handtuch werfen. Seine Anfangsinvestitionen sind oft so hoch, dass er im Falle eines Ausstiegs auf einem Haufen Schulden sitzen bleiben würde. Deshalb steigen Networker schneller aus, wenn es einmal nicht so gut läuft. Ich persönlich finde es sehr schade, weil sie sich wirklich um die Chance ihres Lebens bringen. Im Network-Marketing gibt es keine Verlierer. Wenn Sie in dieses System einsteigen und keinen einzigen Kontakt zustande bringen und damit niemanden sponsern, sollten Sie nicht vergessen, dass Sie noch immer die Produkte zu Vorzugspreisen kaufen können, um sie weiterhin für sich und die Familie zu nutzen. Das allein ist es schon wert, bei LR einzusteigen. Doch ich wiederhole mich. Ich kenne keinen Menschen, der nicht in der Lage ist, wöchentlich mindestens einen Kontakt herzustellen. Denken Sie bitte immer daran. Statt allein 100 Prozent zu erwirtschaften, sollten Sie sich lieber 100 Leute suchen, die mindestens 1 Prozent erwirtschaften. Sie können nur 100 Prozent erwirtschaften. Dann ist das Ende erreicht. Aber in einer Struk-

Der Duft des Erfolgs

tur mit 100 Menschen sind 10.000 Prozent möglich, wenn jeder einzelne Ihrer Struktur 100 Prozent erwirtschaftet! Ehrgeizige Menschen zeichnen sich durch verschiedene Merkmale aus:

1. Sie lassen sich niemals von Niederlagen oder Problemen unterkriegen, sondern betrachten jede Krise als Chance für eine Wende.

2. Sie sind lernwillig und allem Neuen gegenüber aufgeschlossen. Wenn Sie etwas nicht verstanden haben, hinterfragen sie es. Sie besuchen Seminare und bilden sich weiter. Auch wenn Sie dafür bezahlen müssen.

3. Sie planen und überlassen nichts dem Zufall.

4. Sie sind kontaktfreudig.

5. Sie nutzen natürlich die angebotenen Produkte in vollem Umfang und erzählen anderen von ihren positiven Erfahrungen.

6. Sie sind zuverlässig, pünktlich und halten Zusagen ein.

7. Sie glauben an sich und haben Selbstvertrauen.

8. Ihr Selbstwertgefühl ist positiv ausgeprägt.

9. Sie haben eine klare Zielvorstellung und eine Vision, wofür Sie bereit sind zu arbeiten und zu kämpfen.

10. Sie haben keine Angst.

11. Sie kennen Ihr Unternehmen und Ihre Produkte in- und auswendig und scheuen keinen Vergleich mit Wettbewerbern.

Produkt Know-how

Geld ist nicht alles, aber ohne Geld ist alles nichts. Ich mag keine Menschen, die mir erzählen, sie würden ein Leben ohne Geld vorziehen. Das glaube ich nicht. Mit Geld, und vor allem mit viel Geld, stehen einem alle Türen offen. Gut, ich akzeptiere, dass es Menschen gibt, die brauchen nur eine Tür zum Glück. Aber echte Networker wollen mehr als nur eine Tür, und zu diesen Menschen zähle ich mich ebenfalls. Man darf nicht übersehen, dass der Tag vierundzwanzig Stunden hat und echte Networker arbeiten mehr als zehn Stunden am Tag. Sie verbringen mehr als vierzig Prozent Ihrer Zeit im Job. Ist es dann nicht besonders wichtig, dass man Spaß an der Arbeit hat? Wenn ich mehr als vierzig Prozent meiner Tageszeit für eine bestimmte Aufgabe verwende, dann will ich doch, dass mir diese Tätigkeit gefällt. Noch dramatischer fällt dieser Wert aus, wenn man berücksichtigt, dass von den vierundzwanzig Stunden eines Tages ja noch die Nacht mit rund acht Stunden Schlaf abgerechnet werden muss. Im Schnitt sind wir nur rund sechzehn Stunden wach. Davon verbringen viele Networker mehr als zehn Stunden im Job. Das ist mehr als die Hälfte der Tageszeit, nämlich 62 Prozent. Deshalb und nur deshalb ist es mir wichtig, dass ich diese Zeit mit Freude und Spaß verrichte. In diesem Zustand ist man immer in der Lage, das Beste zu geben. Dann fällt es auch nicht schwer, sich auf seinem Gebiet weiterzubilden, Fachzeitschriften zu lesen und sich mit Gleichgesinnten auszutauschen. Wenn Sie ein Arbeitsgebiet beherrschen und dort immer die neusten Erkenntnisse einbringen, entwickeln Sie sich zu einem echten Spezialisten. Je spezialisierter Sie auf Ihrem Gebiet sind, desto größer ist Ihr Marktwert. Es ist völlig unmöglich, in unserer arbeitsgeteilten Welt alles zu können und alles zu wollen. Das funktioniert nicht mehr. Nehmen Sie ein Beispiel aus dem Einzelhandel. Wohin würden Sie eher gehen, wenn Sie ein besonderes Ersatzteil benötigen? Zu dem Händler um die Ecke, der fast alles hat, oder eher zu einem Spezialisten? Der Händler hat vieles, aber nur oberflächlich. Der Spezialist hat auf seinem Gebiet alles. Dieses Gesetz gilt im Übrigen auch für uns Menschen. Wer glaubt, er könne jeden Beruf ausführen, hat sicher Recht. Aber ob er

Der Duft des Erfolgs

wirklich auf seinem Gebiet Spitze ist und damit sehr viel Geld verdient, ist abhängig von seinem Fachwissen. Je breiter sich jemand orientiert, desto oberflächlicher wird sein Wissen. Das mag zwar für den ersten Eindruck noch reichen, doch wenn es wirklich hart auf hart kommt, gewinnt letzten Endes der Profi mit dem tieferen Fachwissen. Nur der Profi schafft den Profi(t)! Es ist heute viel wichtiger, dass Sie eine Sache richtig gut können und beherrschen, und zwar besser als alle anderen. Nur allzu gern erinnere ich mich an ein Märchen, das ich das erste Mal in der Schule hörte. Damals hatte ich es gar nicht so richtig verstanden. Heute habe ich erkannt, was die Gebrüder Grimm damit meinten. Die Rede ist von dem Märchen „Der Fuchs und die Katze". Ich möchte es kurz wiedergeben. Es trug sich zu, dass die Katze in einem Wald den Fuchs traf. Die Katze begrüßte den Fuchs. Dieser rümpfte verächtlich die Nase und antwortete: „Oh du armseliger Bartputzer, du buntscheckiger Narr, Hungerleider und Mäusejäger, was kommt dir in den Sinn? Du unterstehst dich zu fragen, wie's mir geht? Was hast du gelernt? Welche Künste und vor allen Dingen wie viele Künste kannst du?" Die Katze antwortete voller Bescheidenheit: „Ich kann nur eine einzige. Sind Hunde hinter mir her, kann ich ganz schnell auf den Baum springen und mich retten." Der Fuchs rümpfte die Nase und fragte: „Ist das alles? Ich bin der Herr über hundert Künste und habe darüber hinaus noch einen ganzen Sack voller listiger Sachen." Plötzlich näherte sich ein Jäger mit vier Hunden. Die Katze sprang mit einem Satz auf den nächsten Baum und setzte sich in den höchsten Gipfel. Der Fuchs rannte davon und wurde alsbald von allen vier Hunden gefangen. „Herr Fuchs, bindet den Sack auf, bindet den Sack auf", rief die Katze verächtlich. Aber es war zu spät, der Fuchs konnte sich nicht mehr befreien. „Ei, Herr Fuchs, ihr bleibt mit euren hundert Künsten stecken. Hättet Ihr herauf kriechen können, so wie ich, so wärt ihr noch am Leben", resümierte die Katze. Die Moral der Geschichte: Nicht die Quantität Ihrer Talente entscheidet über Leben oder Tod, sondern die Qualität Ihrer Leistung. Die beste Qualität erreichen Sie in aller Regel, wenn Sie sich auf eine Sache konzentrieren und die besser können als andere. LR bietet jedem die Möglichkeit, sich ständig weiterzuentwickeln und viel zu lernen.

Der Duft des Erfolgs

Self-Marketing

Es gibt Menschen, die sind bekannt wie ein bunter Hund, andere wiederum führen ein Leben als graue Maus. Natürlich ist es nicht ganz einfach, bekannt und ggf. sogar berühmt zu werden. Aber die Anstrengungen lohnen sich, es einmal zu versuchen. Je bekannter ein Verkäufer ist, desto sicherer wird er neue Kunden finden, weil diese immer die Nähe zu erfolgreichen und bekannten Leuten suchen. Dazu muss der Verkäufer aber gar nicht unbedingt eine überragende Persönlichkeit sein, um von sich Reden zu lassen. Nehmen wir einmal ein Beispiel aus dem Sport. Sie kennen sicher Dr. Müller-Wohlfarth. Es ist der Arzt der Deutschen Nationalmannschaft und auch der Vereinsarzt von Bayern München. Ohne die Leistungen dieses Arztes in Frage zu stellen, aber glauben Sie, dass er eine absolute Koriphäe auf dem Gebiet der Orthopädie ist und sich nur deshalb namhafte Persönlichkeiten von ihm behandeln lassen? Können Sie sich vorstellen, dass es sogar andere Spezialisten auf diesem Gebiet gibt, die um Längen besser sind, weil sie vielleicht als Professor an einer Klinik arbeiten? Mit Sicherheit. Was also macht Dr. Müller-Wohlfarth so berühmt? Es ist sicher zum einen seine Arbeit als Fußball-Arzt. Aber wesentlich wichtiger ist doch, dass berühmte Fußballer sich ihm anvertrauen, wenn diese eine Sportverletzung behandeln lassen müssen. Von Kahn über Ballack, sie alle vertrauen Dr. Müller-Wohlfarth. Das bleibt natürlich nicht ohne Wirkung. Vor jedem großen Spiel wird natürlich gefragt, ob Ballack mitspielen kann oder ob seine Verletzung ihn noch daran hindert. Vor der Pressekonferenz erklärt Ballack dann, er würde mitspielen können, nachdem Dr. Müller-Wohlfarth grünes Licht gegeben hat. Hier wird deutlich, dass ein Mensch, der selbst nur im Hintergrund arbeitet, durchaus berühmt werden kann, so bald er sich mit großen Persönlichkeiten, die mehr im Rampenlicht stehen, umgibt. Ein guter Networker weiß das. Deshalb sucht er in seinem Verkaufsgebiet die Nähe zu Persönlichkeiten des öffentlichen Lebens. Das können Kontakte über den Verein, über die Politik oder aber auch auf sozialer Ebene sein. Am wirkungsvollsten sind natürlich die politischen Auftritte, weil über Politik immer etwas geschrieben wird. Die sozialen

Arbeiten sind mitunter viel wichtiger, dennoch wird nur spärlich darüber berichtet. Es sei denn, ein namhafter Politiker übernimmt einmal mehr die Schirmherrschaft für einen sozialen Hilfsverein. Das lässt sich dann wieder mediengerecht inszenieren. Das ist nun einmal so, und ich werde es auch nicht ändern können, weil die Leser entscheiden, was sie lesen wollen. Übrigens, es gab vor einigen Jahren einmal eine Zeitschrift, in der nur positive, bejahende und gute Nachrichten und Informationen zu finden waren. Das Blatt musste nur wenige Monate später eingestellt werden, weil es nicht genügend Leser gab! Mit anderen Worten: Die Menschen finden scheinbar Gefallen an schlechten Nachrichten. Das sie sich damit aber selbst schädigen, scheint ihnen egal zu sein.

Wenn beim nächsten Mal der örtliche Bürgermeister das Schützenfest, die regionale Messe oder den jährlichen Weihnachtsmarkt eröffnet, dann sollten Sie seine Nähe suchen. Bekanntlich wird bei solchen „wichtigen" Treffen immer die Presse anwesend sein. Neben der klassischen Berichterstattung darf das obligatorische Foto nicht fehlen. Gut, wenn Sie dann neben dem Bürgermeister stehen. Das ist Werbung, die Sie keinen Cent kostet. Wenn Sie dagegen ein wenig mehr Geld investieren wollen, unterstützen Sie regionale Sportvereine. Sie unterstützen damit den Nachwuchs, fördern das Gemeinwohl und sind so ganz nebenbei auf vielen Fotos:

Der Duft des Erfolgs

Motivation

Vielen ist sicher noch die heiße Phase der zahlreichen Motivationsveranstaltungen in guter Erinnerung. Von den meisten Veranstaltern ist nicht mehr viel geblieben. Einige haben sich ganz aus dem Geschäft zurückgezogen, wieder andere sitzen heute im Knast und motivieren sich jeden Tag aufs Neue selbst. Diese Entwicklung war vorhersehbar, weil diese Menschen keine Inhalte verkauften, sondern nur heiße Luft und die zu sehr teuren Preisen. Sie erklärten unisono, man müsse nur ein bisschen positiver denken, gepaart mit lauter Discomusik und dann würde sich auch dein Leben von ganz allein verändern. Das ist ausgemachter Tobak. Für mich waren diese Veranstaltungen nichts anderes als ein heißes Wannenbad. Lassen Sie einmal heißes Wasser ins Wannenbad und setzen sich bei angenehmen Temperaturen in die Wanne. Was passiert nach zehn Minuten? Das Wasser kühlt ab und Ihnen wird ein wenig unwarm. Damit Ihnen wieder warm wird, müssen Sie immer wieder warmes Wasser nachfüllen. Das werden Sie so lange wiederholen müssen, bis entweder die Wanne überläuft oder aber Sie aus der Wanne aussteigen. Mit den Motivationsveranstaltungen war es ähnlich. Mit Hipp Hopp und „Tsjakkaa, du schaffst es"-Rufen verließen die Teilnehmer hoch motiviert und zu allem bereit die Veranstaltung. Doch schon nach wenigen Tagen war die Euphorie verzogen, im wahrsten Sinne des Wortes „abgekühlt". Nun musste man schnell die nächste Motivationsveranstaltung buchen (warmes Wasser nachfüllen), um wieder für mindestens drei Tage motiviert zu sein. Am Ende stellte man fest, dass man genug davon hatte (Wanne voll) und stieg aus. Zuletzt blieben immer mehr Teilnehmer frustriert zurück.

Ein erfolgreicher und von sich überzeugter Networker braucht keine Power-Veranstaltung, um sich zu motivieren. Im Duden wird Motivation als „die Gesamtheit der Beweggründe und Einflüsse, die eine Entscheidung oder Handlung beeinflussen" definiert. Soweit die technische Beschreibung. Im Wort Motivation kommt das Wort Motiv vor. Ein guter Networker hat ein Motiv, warum er diesen Job macht. Er hat ein Ziel und ist bereit, für dieses Ziel zu kämpfen.

Der Duft des Erfolgs

Wer kein Ziel hat, hat auch kein Motiv (etwas zu tun). In solch einem Fall hilft auch die beste Motivationsveranstaltung nicht. Was will man denn dort finden? Ein Motiv, was man bei sich selbst nicht findet? Kaum zu glauben! Sorry, wenn ich nicht weiß, was ich will, dann wir mir auch die beste Show keine Ziele liefern. Ich muss wissen, was ich will, ich muss ein Motiv haben, dann werde ich auch bereit sein, dafür zu arbeiten. Notfalls rund um die Uhr.

Woran erkennt man einen motivierten Networker? Nun, an seinem Verhalten und natürlich an seiner inneren Einstellung. Wie gesagt, uns geschieht immer nach unserem Glauben. Je mehr wir von dem überzeugt sind, was wir tun und wie wir etwas tun, desto mehr Erfolg werden wir haben. Und noch etwas: Auch ein hoch motivierter Networker kann nicht verhindern, dass die Dinge einmal nicht so laufen wie geplant, aber er weiß, dass nur er ganz allein es in der Hand hat, die Dinge so zu steuern, dass Sie die gewünschten Erfolge bringen.

Der Duft des Erfolgs

Eine Vision wird wahr: LR in der Türkei

Die „Network-Gesetze" funktionieren in jedem Land und weltweit. Auch ich habe mit diesem Wissen einige Systeme im Ausland erfolgreich aufgebaut. Deshalb war es für mich auch nur eine Frage der Zeit, bis mich mein „Türkei-Fieber" wieder einholte. Während der Jahre habe ich immer wieder gesagt, dass ich LR in der Türkei aufbauen werde. Viele hielten mich für einen Spinner und einen notorischen Dickkopf. Sie schüttelten nur ungläubig die Köpfe, wenn sie von meinen Visionen hörten. Weil LR dort schon einmal gescheitert war, glaubten viele nicht mehr daran, dass ein neuer Versuch erfolgreich sein könnte. Dieses Verhalten ist typisch. Sobald jemand scheitert, versucht er es kein zweites Mal. Ich dagegen gestehe mir ein, dass man beim ersten Mal durchaus Fehler macht, die man beim zweiten Mal schon nicht mehr machen muss. Mit anderen Worten: Durch Schaden wird man klug und lernt, wie man es besser machen kann. Selbst Herr Spikker warnte mich vor einem neuen Engagement in der Türkei. Doch ich wollte es allen beweisen und so flog ich nach Istanbul, um bei Null anzufangen. Zunächst nahm ich mir rund anderthalb Jahre Zeit, um den türkischen Markt gründlich zu studieren. Anfang 2003 war es dann soweit. Aufgrund meiner umfangreichen Recherchen wusste ich nun, wie mein Konzept auszusehen hatte. Ich mietete Büroräume an, stellte eine Sekretärin ein und legte los. Von Anfang an wollte ich die Star-Box für den türkischen Markt und mir war klar, dass wir hier auf türkische Promis setzen mussten. Deshalb suchte ich gleich zu Beginn meines Engagements in der Türkei die Kontakte zu den Prominenten, um sie für die Idee der Star-Box zu begeistern. Bekanntlich fängt der frühe Vogel den Wurm. Ich musste so früh anfangen, weil sich die Gespräche doch immer sehr lange hinziehen. Am Ende hatte ich mein Ziel erreicht und die türkische Star-Box war geboren. Parallel akquirierte ich neue LR-Berater, die ich in umfangreichen Seminaren ausbildete. Das klingt einfacher als es in Wirklichkeit ist. Auch wenn man den Menschen dort eine riesige Chance ermöglicht, fehlt es nicht selten an Disziplin. Viele leben nach dem Motto: „Komme ich heute nicht, komme ich morgen...". Denen fallen tausend Gründe ein, warum

Der Duft des Erfolgs

sie etwas nicht machen sollten, aber selten nur einen Grund, warum sie etwas tun müssen. Auch ich stand zunächst vor einer aussichtslosen Situation. Ich gebe zu, dass ich zunächst auf bessere Zeiten gehofft hatte, denn heute wie damals waren die Zeiten in der Türkei nicht gerade die besten. Die Wirtschaftskrise, Irak-Krieg, Terroranschläge in Istanbul und sogar die Wahl zum Ministerpräsidenten schlugen hohe Wellen. Unter diesen Vorzeichen etwas aufzubauen, ist fast unmöglich. Doch mir war schnell klar, dass ich nicht länger warten konnte. Auf bessere Zeiten zu setzen, ist ein hoffnungsloses Unterfangen. Türken sind es gewohnt, mit Problemen zu leben, man kann fast sagen, dass sie es gewohnt sind, mit schlechten Zeiten gut zu leben. Oft bauen sie sich ihre eigene heile Welt um das Problem herum auf. Mir war klar, dass auch ich LR Türkei in dieser Welt der Probleme aufbauen musste, damit wir überhaupt eine Chance erhalten. Mit Hilfe meines PR-Managers und einer super Mannschaft sowie täglich mehr als 18 Stunden Arbeit gelang es uns, LR aus dem Boden zu stampfen. Wir alle standen unter einem immensen Erfolgsdruck, aber wir wollten es allen zeigen, zu welch großartigen Leistungen wir fähig sind. Wir arbeiteten auf einen festen Starttermin hin, der am 24. Januar 2004 mit einem gewaltigen Festakt in Istanbul seinen Höhepunkt finden sollte. Mehr als 5.000 Menschen, davon über 1.000 aus Deutschland, meldeten sich zu dieser Veranstaltung an. Selbst Boris Becker und Helmut Spikker wollten mit einem Privatjet einfliegen. Doch ein Schneechaos beendete meine Träume. Es schneite und stürmte so heftig wie seit Jahren nicht mehr. Deshalb konnten die Flugzeuge nicht landen und wir mussten am Ende die gesamte Veranstaltung absagen. Das war eine der größten Enttäuschungen meines Lebens. Ich war am Boden zerstört. Über zwei Jahre schweißtreibende Arbeit war zwar nicht dahin, aber der Höhepunkt, das Highlight, die Krönung, das war mir genommen. Als hätte es nicht sollen sein. Das ist in etwa so, als liefe man einen Marathon und erreiche als erster das Ziel, aber am Ende stände aufgrund des Schnees und Sturms niemand dort, mit dem man die Freude über das erreichte Ziel teilen könnte. Ich denke, Sie können sich vorstellen, wie mir zumute war. Was hätten Sie in dieser Situation getan? Ich denke, viele hätten resigniert das Handtuch geworfen und wären erst einmal in den Urlaub geflogen. Ich aber sagte

Der Duft des Erfolgs

mir zehn Minuten später, nachdem die Absage der Veranstaltung an alle Teilnehmer geschickt wurde, jetzt erst RECHT! Also organisierte ich kleine Gruppenveranstaltungen und trainierte die Berater aufs Neue. Mit großem Erfolg. Im Januar schafften wir 40 Prozent Umsatzsteigerung, im Februar 50 Prozent und im März 2004 sogar 60 Prozent. Innerhalb von wenigen Monaten stieg die Türkei damit in die Top-Ten der fünfundzwanzig Länder auf. Jeden Monat steigen bei uns 1.000 neue Berater ein. Diese Entwicklung zeigt, dass ein Networker, nie, nie, nie aufgeben darf. Er muss mit den größten Widrigkeiten des Lebens klar kommen und in jeder Situation besonnen und richtig handeln. Solange er diesen Grundsatz beherrscht, wird er es immer wieder schaffen, aus jeder Situation das Beste zu machen. Diesem Grundsatz bin ich bis heute treu geblieben und so verwundert es nicht, dass ich bereits 8 neue 21%er Linien in nur drei Monaten aufbauen konnte. In der selben Zeit ist es mir auch noch gelungen, in Österreich eine neue 21%er Linie aufzubauen. Mein Ziel, Senior-Präsident zu werden, rückt damit immer schneller in greifbare Nähe. Bis heute gibt es vier Präsidenten bei LR. Deshalb entschied sich die Geschäftsführung von LR ein neues Ziel auszugeben, und zwar die Position eines Senior-Präsidenten. Weil die Meßlatte dafür so hoch gelegt wurde, glaubt niemand ernsthaft daran, dass es überhaupt jemand schaffen wird. Denn man muss 6 Monate 25 direkte 21%er Linien halten. Mein Ergebnis in den ersten drei Monaten zeigt, dass ich es schaffen werde, dieses Ziel zu erreichen. Damit gehe ich die Geschichtsbücher von LR ein. Ich habe dann als erster ein Ziel erreicht, was in der Firmengeschichte noch nie jemand vor mir erreicht hat. Das ist, als wenn man sich selbst ein Denkmal setzt. Ich denke, wenn ich dieses Ziel erreicht habe, werden auch die letzten Zweifler verstummen. Wie oft muss ich mir deren Gelächter anhören, wenn ich von meinem ganz großen Ziel erzähle: Ich schaffe fünfmal mehr 21%er Linien, als für die Qualifikation zum Präsidenten erforderlich sind. Präsident wird man mit zwanzig 21%er Linien. Ich wollte also das Fünffache erreichen. 100 Linien sind ein großes Ziel, aber eben nicht unerreichbar. Noch in diesem Jahr werde ich ein Drittel erreicht haben. Ja, man muss sich große Ziele setzen und vielleicht auch ein wenig verrückt sein, um besser zu sein als andere. Verrückt heißt ja nicht, dass es an Verstand fehlt. Verrückt heißt, dass eine Position eben aus der Norm gerückt wird, eben etwas verrückt, oder wie man auch sagen könnte: versetzt. Wer sich immer so verhält wie die Masse, darf sich nicht wundern, dass er auch nur die selben Ergebnisse erzielt. Wer bereit ist, einen anderen Weg zu gehen, wird es auch zu anderen Ergebnissen bringen. Nicht die Masse gewinnt, sondern eine Minderheit. Natürlich ist mir klar, dass dieses immer mit einem Risiko verbunden ist. Aber genau das macht unser Leben doch erst wirklich interessant und spannend. Auch Sie haben die Chance, jetzt Ihren ganz eigenen Weg zu gehen. Wichtig ist, dass Sie eine eigene Meinung haben und nicht auf das Geschwätz anderer hören. In Deutschland beträgt das Verhältnis zwischen Arbeitgeber und Arbeitnehmer 4:1. Auf vier Arbeitnehmer kommt also nur ein Selbstständiger. Diese Menschen sind selbstständige Unternehmer, weil sie etwas Neues wagen, eigene Wege gehen, eben etwas unternehmen. Die anderen, das sind Angestellte und Unterlasser. Sie sind es gewohnt, von anderen ihre Befehle zu erhalten.

Natürlich hat der Erfolg seinen Preis, den auch ich bezahlen muss. „Soll Dir Großes gelingen, musst Du Opfer bringen" sagt der Volksmund so treffen. So bin ich nur noch ganz selten in Deutschland. Mein wunderschönes Traumhaus in Vreden steht derzeit leer, denn mein Bruder ist mit seiner Familie zu den Schwiegereltern gezogen. Wenn man große Ziele hat, muss man auch solche Entwicklungen akzeptieren. Ich bin mir sicher, dass viele Menschen nur deshalb ihre Ziele nicht erreichen, weil sie nicht bereit sind, ihre Bequemlichkeitszone zu verlassen. Sie haben sich an einen bestimmten Standard gewöhnt und wollen diesen nur ungern aufgeben. Ich akzeptiere diese Entscheidung. Aber dann darf man sich nicht wundern, wenn andere Menschen erfolgreicher werden. Aber je mehr man bereit ist zu geben, desto mehr wird man zurückerhalten. Das ist meine Mission sowohl in Deutschland als auch in der Türkei. Ich zeige den Menschen, wie sie mehr aus ihrem Leben machen. Gerade die Türken sind der Meinung, dass es normal sei, viel zu arbeiten und wenig zu verdienen. Viele von ihnen glauben, das Leben bestehe nur aus der Arbeit in Fabriken. Mit LR haben sie die Chance, diesem Kreislauf zu entrinnen und wirklich zu Erfolg und Wohlstand zu kommen. Diese Menschen brauchen mich, weil ich ihnen eine Perspektive biete und sie diese Chance nutzen können. Das durchschnittliche Einkommen einer türkischen Familie liegt bei rund 3.300 Euro im Jahr. Viele meiner Berater erzielen dieses Einkommen in einem Monat. Und das, obwohl die Produkte hier teurer sind als in Deutschland. Darüber hinaus sind die Anforderungen höher. Während man in Deutschland bereits mit einem Umsatz von 25.000 PW (= Punktwerte) die Mercedes-Qualifikation erreicht, müssen die türkischen Berater das Vierfache des Umsatzes schreiben. Aufgrund der Steuern und Zölle kostet ein Mercedes in der Türkei um ein Vielfaches mehr als in Deutschland. Doch statt zu resignieren, arbeiten sie hart und tüchtig, um diese Ziele zu erreichen. Mit solchen Menschen zusammenzuarbeiten, macht mir wirklich viel Spaß und ich bereue es nicht, den Schritt in die Türkei gesetzt zu haben. In zwei großen Ländern Erfolg zu haben, ist für mich Ansporn und Verpflichtung zugleich. Deshalb dürfen meine Partner immer mit mir rechnen. Auch Sie sind mir herzlich willkommen.

Nachwort

Ich möchte Ihnen an dieser Stelle meine Anerkennung aussprechen, weil Sie sich die Zeit genommen haben, dieses Buch bis zu dieser Stelle durchzulesen. Das ist sehr, sehr wichtig. Denn niemand wird reich, nur weil er ein Buch besitzt. Reich wird der, der meine Regeln aus diesem Buch in seinem Leben anwendet. Auch Sie müssen es wirklich tun. Der Weg zum Erfolg beginnt immer ganz unten und Sie müssen bereit sein, alles für Ihren Erfolg zu tun, jetzt und zu jeder Zeit. Denn „*Tun*" steht für **T**ag und **N**acht. Sie haben gesehen, dass auch ich zu allen Zeiten vollen Einsatz gezeigt habe. Das und der feste Glaube an den eigenen Erfolg sind die wesentlichen Voraussetzungen zur finanziellen Freiheit, denn:

> *„Ob Sie glauben, dass Sie eine Sache tun können oder ob Sie glauben, dass Sie sie nicht können, Sie haben in jedem Fall Recht."*
>
> Henry Ford

In diesem Sinne wünsche ich Ihnen nun viel Erfolg beim Vermehren der gewonnenen Einsichten und einen guten Start in Ihre finanzielle Unabhängigkeit. Es grüßt Sie ganz herzlich

Ihr Ilhan Dogan